HISTÓRIA
DA
ALIMENTAÇÃO

Dados Internacionais de Catalogação na Publicação (CIP)
(Câmara Brasileira do Livro, SP, Brasil)

Williot, Jean-Pierre
   História da alimentação / Jean-Pierre Williot, Gilles Fumey ; tradução de Caesar Souza. – Petrópolis, RJ : Vozes, 2023.

   Título original: Histoire de l'alimentation
   Bibliografia.
   ISBN 978-65-5713-900-4

   1. Alimentação – História 2. Ciências Sociais – 3. Ciências Humanas I. Fumey, Gilles. II. Souza, Caesar. III. Título.

23-159601   CDD-641.3

Índices para catálogo sistemático:
1. Alimentação : História 641.3

Eliane de Freitas Leite – Bibliotecária – CRB 8/8415

Jean-Pierre Williot | Gilles Fumey

HISTÓRIA DA ALIMENTAÇÃO

Tradução de Caesar Souza

Com *post scriptum* de
Ana Letícia Espolador Leitão

Petrópolis

© Que sais-je? / Humensis, 2021.

Tradução do original em francês intitulado *Histoire de l'alimentation*

Direitos de publicação em língua portuguesa – Brasil:
2023, Editora Vozes Ltda.
Rua Frei Luís, 100
25689-900 Petrópolis, RJ
www.vozes.com.br
Brasil

Todos os direitos reservados. Nenhuma parte desta obra poderá ser reproduzida ou transmitida por qualquer forma e/ou quaisquer meios (eletrônico ou mecânico, incluindo fotocópia e gravação) ou arquivada em qualquer sistema ou banco de dados sem permissão escrita da editora.

CONSELHO EDITORIAL

Diretor
Volney J. Berkenbrock

Editores
Aline dos Santos Carneiro
Edrian Josué Pasini
Marilac Loraine Oleniki
Welder Lancieri Marchini

Conselheiros
Elói Dionísio Piva
Francisco Morás
Gilberto Gonçalves Garcia
Ludovico Garmus
Teobaldo Heidemann

Secretário executivo
Leonardo A.R.T. dos Santos

Diagramação: Sheilandre Desenv. Gráfico
Revisão gráfica: Anna Carolina Guimarães
Capa: Felipe Souza | Aspectos
Ilustração de capa: Pintura de Pehr Hilleström (1732-1816) – Domínio público.

ISBN 978-65-5713-900-4 (Brasil)
ISBN 978-2-7154-0683-4 (França)

Este livro foi composto e impresso pela Editora Vozes Ltda.

Sumário

Introdução, 9

Capítulo I – A produção alimentícia, 11
  I – A conquista da carne, 15
  II – A multiplicação dos territórios agrícolas cultivados, 17
  III – A pesca e os recursos marinhos, 22

Capítulo II – Transformar, conservar, comercializar, 25
  I – Os meios originais para conservar os alimentos, 25
  II – A longa história dos artesanatos gastronômicos, 27
    1. A transformação dos cereais, 28
    2. A preparação das carnes, 30
    3. Os outros produtos, 31
    4. Da mesa à arte, 31
  III – O desenvolvimento das indústrias alimentícias, 32
    1. O crescimento urbano, 32
    2. O impacto do comércio internacional, 33
    3. Da conservaria à apertização, 34

    4. A internacionalização das empresas alimentícias, 36
   IV – Preservar os mantimentos, 38

Capítulo III – Os circuitos de distribuição alimentar, 43
   I – Abastecer as cidades, 43
    1. O desenvolvimento da horticultura e da produção frutífera, 43
    2. A rede de transportes, 45
    3. O abastecimento das cidades é um assunto de administração municipal, 47
   II – O comércio internacional dos produtos alimentícios, 49
    1. Na Antiguidade, 50
    2. Na Idade Média, 51
    3. A virada dos séculos XV e XVI, 53
    4. O século XIX: um século de crescimento, 55
   III – Da tenda aos gigantes da grande distribuição, 57
    1. O armazém de produtos alimentícios, 57
    2. As cooperativas de produção e de consumo, 59
    3. Em direção ao sucursalismo, 60

Capítulo IV – O espaço doméstico, centro das práticas alimentares, 63
   I – Alimentos crus, alimentos cozidos, 65
   II – A evolução dos modos de cozimento no forno, 67
   III – Os refinamentos culinários, 69
   IV – Comer dentro, comer fora, 70

V – O gênero à mesa, 73
Capítulo V – Alimentar-se fora de casa, 77
　I – A alimentação coletiva, 77
　　1. As coletividades, 77
　　2. Os exércitos, 78
　　3. As comunidades religiosas e as hospedarias, 79
　　4. Os estabelecimentos escolares, 80
　　5. O meio carcerário, 81
　　6. Alimentar-se nos transportes, 81
　II – Restaurantes e cozinhas do mundo, 84
　　1. Os estabelecimentos de fornecimento de refeições comerciais, 84
　　2. A aparição do restaurante, 86
　　3. A difusão dos gostos, 88
　　4. Os *fast-foods*, 89
　III – Comer em movimento, 90
Capítulo VI – Os desafios políticos da alimentação, 97
　I – O controle dos recursos, 98
　II – A normalização dos produtos, 101
　III – As crises sanitárias, 105
　IV – Os medos alimentares, 106
　V – A alimentação geográfica, 107
　VI – Rotulações, 109
Capítulo VII – A educação dos consumidores, 113
　I – Regimes alimentares: entre medicinas e crenças, 113
　　1. Preconizações dietéticas e medicina, 113
　　2. Alimentação e religião, 115

3. Os alimentos imaginários, 118
II – Saúde e alimentação na época contemporânea, 119
   1. Higienismo e nutrição, 119
   2. Um espírito saudável em um corpo saudável, 120
   3. Alimentação e demografia, 121
   4. Alimentação e patologias, 123
III – Informar os consumidores, 127

Capítulo VIII – A transição para o futuro, 131
   I – A nutricionalização pela ciência, 131
   II – Do sedentarismo a um novo nomadismo, 135
   III – Reinventar as produções locais, 137
   IV – Sistemas alimentares duráveis?, 140

Post scriptum, 145

Bibliografia, 149

Introdução

Atualmente, a humanidade está envolvida em múltiplas mutações radicais das quais uma possui repercussões diretas sobre sua alimentação. Os sistemas alimentícios instaurados durante a era extrativista são levados a evoluir rapidamente. Os recursos sobre a Terra não são inesgotáveis, e os humanos não têm garantia de obter acesso a alimentos saudáveis para si e bons para o ambiente.

Nesse contexto, uma história da alimentação não pode ser tratada como um *continuum* linear, pois as disparidades de recursos, culinárias e regimes alimentares variam na longa história do mundo. Uma história ensinada, em parte, pelas cronologias diferenciadas de um continente a outro permite colocar os marcos de um conhecimento capaz de esclarecer as transformações atuais.

Fatos importantes marcam essa história, apresentando similitudes de um continente a outro: as domesticações do que é vivo (plantas e animais) ocorreram em diversos lugares do planeta que, no entanto, não estavam conectados. As medicinas chinesa, grega e indiana elaboraram sábios discursos que permitiram melhorar o conhecimento dos alimentos e sua interação com os corpos humanos.

A história da igualdade alimentar não existe. Os gordos e os magros, as mesas de ricos e pobres, a diferença de rações calóricas são frequentes em todos os lugares e em todas as épocas. Na maior parte dos países industriais, as fomes e as escassezes recorrentes foram erradicadas em algumas décadas sem poder dirimir as desigualdades de acesso aos alimentos saudáveis e em quantidade suficiente para uma maioria muito grande da humanidade.

A história da alimentação é também uma história técnica da produção, da conservação e do comércio. Com a biologia molecular e o que agora chamamos a *food tech*, os sistemas de distribuição individualizada graças às plataformas digitais, com a maior nomadização da ingestão alimentar, uma grande parte do que antes chamávamos refeições se torna funcional, e os regimes alimentares serão para muitos um horizonte sanitário formatado pela inteligência artificial.

Esse é o contexto no qual vivemos uma grande mutação alimentar, cujas implicações podemos compreender graças à história, que é, segundo Tucídides, um "perpétuo recomeço".

Capítulo I
A produção alimentícia

Por muito tempo, os humanos foram caçadores-coletores, embora tenham deixado os primeiros traços conhecidos de utilização repetida de cereais, como o sorgo cultivado na atual Moçambique, remontando a 110000 a.C., muito tempo, portanto, antes do Neolítico. Esse cereal era provavelmente esmagado antes de ser fermentado e comido com frutos e tubérculos, sem que essa prática tivesse sido difundida fora da região. A distinção entre a coleta, a caça selvagem, a agricultura e a criação de animais não são tão pertinentes quanto acreditamos, pois suas práticas se misturaram durante milênios, até o assentamento estável de povos sedentários em alguns lugares do globo. Os primeiros ancestrais dos humanos, todos africanos, são nômades omnívoros que comem tubérculos, folhas e frutos, grãos, insetos, pequenos animais e restos de carcaças abandonadas por hienas, e mesmo peixes crus de rios ou dos litorais. É provável que o *homo ergaster*, bípede de aproximadamente 1,70m, maior que os outros hominídeos, utilizasse o fogo sem poder produzi-lo antes das primeiras práticas reveladas e provadas há mais de 400.000 anos em vários lugares do planeta. Uma verdadeira revolução técnica que permite assimilar melhor os alimentos e, portanto, aumentar a ingestão, e, consequentemente, a energia disponível para o cérebro. Em cerca de 40000 a.C., na Ásia, a desumidificação e o resfriamento do clima favorecem a conservação de carnes (defumação, congelamento em fossas subterrâneas, salgamento, secagem). O *homo sapiens* doma o cavalo e melhora as técnicas de caça que visam a presas grandes, como os mamutes e os bisões. A população atinge vários milhões de habitantes sobre o planeta, da qual uma parte se sedentariza para dominar suas produções alimentícias.

Estima-se que a domesticação de várias plantas, cereais e leguminosas identificadas por suas qualidades, inicia cerca de 12000 anos antes de nossa era com um aquecimento climático. Domesticar uma planta implica uma evolução rápida e forçada de suas características morfológicas por interação, controle e seleção. Enumera-se hoje duas grandes bacias principais de domesticação de plantas e animais na origem da produção alimentícia: no Oriente Médio, entre o Tigre e o Eufrates (farro, ancestral do trigo, cevada, centeio, lentilha, ervilha e linho), e no sudeste da Ásia sobre os leitos maiores de grandes rios (arroz, leguminosas e tubérculos). A olaria no Mediterrâneo e a cerâmica na Ásia contribuem para o desenvolvimento das culinárias e das transações. Encontramos centros secundários esparsos em decorrência dos oceanos e desertos nos Andes e na África subsaariana, divididos em diversos subconjuntos. Uma questão permanece: por que vários centros de domesticação são abertos nas mesmas épocas sobre o planeta? No sul da China, para o arroz; no México, para o milho; na Nova-Guiné, para a cana-de-açúcar; nos Andes, para os tubérculos, a pimenta e as cucurbitáceas; na África, para o arroz no delta do Niger e no Mali? Alguns cenários não ligam necessariamente essas domesticações a necessidades econômicas, como o de Jacques Cauvin, que observa uma revolução simbólica antes do desenvolvimento da agricultura, ao menos no Oriente Médio[1].

Esses centros originaram civilizações fundadas na acumulação de populações e bens nas cidades, nos sistemas monetários com armazenamento de cereais e, finalmente, nas transações, intensas nos perímetros próximos até os horizontes contemporâneos da mundialização do século XX. Os primeiros impérios aparecem na Mesopotâmia em cerca de 3500 a.C, onde a

---

1. J. Cauvin, *Naissance des divinités, naissance de l'agriculture*, Paris, CNRS Éditions, 1994; reed. "Biblis", 2013.

roda, a carroça e o primeiro alfabeto permitem construir barragens e canais de irrigação. As cidades-Estados prosperam e declinam deixando, em toda parte, técnicas como a viticultura e a cervejaria. Após as colonizações europeias, vastas zonas de monocultura foram constituídas ao redor das grandes cidades e para elas, por vezes em lavouras tropicais cujo objetivo era provisionar os países ricos, enquanto uma produção agrícola de subsistência permanece a regra onde a indústria não formatou um sistema agroindustrial integrado. Recordemos: a maioria da humanidade ainda se nutre de sua própria produção.

Várias escolas interpretam diferentemente o Neolítico quanto à anterioridade – ou não – da sedentarização. Mas estamos certos de que os cereais desempenharam um papel na sedentarização de alguns grupos de caçadores-coletores durante a estação invernal, que alternavam trabalho e repouso propício ao artesanato. Os templos megalíticos do sítio de Göbekli Tepe, no sudeste da Turquia, demonstram isso, pois já estão presentes três milênios antes dos primeiros campos cultivados, o que reforçaria a tese de Jacques Cauvin. Essa tese não é incompatível com o fato de que algumas bebidas de fermentação controlada permitem utilizar os resíduos de uvas selvagens, arroz e mel, transformando o amido em açúcar pela mastigação para desencadear essa fermentação com a enzima da saliva.

I – A conquista da carne

Antes da agricultura, os humanos eram tanto caçadores como coletores. Pressupõe-se que as primeira caças tenham levado os primeiros gêneros humanos, *homo habilis* e *homo erectus*, a se nutrirem não apenas de insetos e pequenos animais, mas também de grandes presas (mamutes, bisões, renas etc.) há, aproximadamente, 2,4 milhões de anos. Um consumo de carne, rica em proteínas, favoreceu o desenvolvimento do cérebro do *homo erectus*, quando o *paranthropus*, outro gênero de hominídeos vegetarianos, desapareceu há um milhão de anos.

A passagem da caça à criação de animais tem lugar no Paleolítico com a domesticação do cão, que entra no convívio humano cerca de 28000 anos antes de nossa era. Descendente do lobo, o cão protege os *habitats* humanos em torno dos quais se desenvolvem, em cerca de 6500 a.C., as culturas sedentárias de cereais selvagens. Jean-Pierre Digard insiste sobre o fato de que os animais foram domesticados após as plantas. Mas, antes da agricultura, houve essa atividade feroz – ou vital – dos humanos omnívoros que era a caça. A conquista da carne se conectou a ritos religiosos sacrificiais, especialmente no Oriente Médio onde os monoteísmos haviam desenvolvido cultos que implicavam a morte de animais. A caça enriquece uma alimentação que havia sido bastante empobrecida pelo abandono dos cereais selvagens especialmente com os primeiros produtos lacto-fermentados, que foram os queijos. No sudeste da Ásia, especialmente nos reinos que constituíam a China dos Han, o desenvolvimento dos arrozais no primeiro milênio antes de nossa Era amplia a criação de aves que gravitam em simbiose com esses ecossistemas originais. Nas civilizações andinas, os animais, dos quais uma parte serve para o transporte de cargas, são comidos apenas no fim de sua vida ao lado dos humanos.

Integrados aos ritos religiosos, as práticas carnívoras não são óbvias: no mundo judaico e no islâmico, a carne suína é proibida. Entre os pitagóricos da Grécia antiga e os brâmanes hindus, o abate é estruturado, enquanto entre os cristãos, o jejum – dito de outro modo, a privação de carne – dá sentido às escassezes que permanecem a regra até a introdução dos tubérculos no final do século XVIII. No Ocidente, a Idade Média é carnívora, as cidades possuem ruas consagradas aos açougues que abatem os animais no local quase imediatamente antes de pô-los à venda. As revoluções agrícolas da Idade Média com a difusão do arado, e então da época moderna nos Países Baixos com o abandono dos pousios e, enfim, na Inglaterra com os confinamentos, contribuem para tornar abundantes os cereais. Esses são progressivamente orientados em grande parte para a criação. Um modelo intensivo é implementado inicialmente nos Estados Unidos, afetando os animais que suportam o confinamento (suínos, bovinos e algumas aves), e se dissemina como um marcador social de riqueza. Difundido após a Segunda Guerra Mundial na Europa, e depois globalizado na década de 1980, permite um aumento tal dos volumes de produção que movimentos contestando o consumo de carne emergem nas populações jovens de países ricos, enquanto nos países em desenvolvimento as carnes permanecem sempre desejadas nas classes médias. Michaël Bruckert mostrou, porém, que na Índia, nas classes sociais educadas e em contato com o Ocidente, o aumento do consumo de produtos derivados da carne parecia provir mais da equiparação com os países ricos sem colocar em causa a cultura vegetariana do budismo e do hinduísmo.

II – A multiplicação dos territórios agrícolas cultivados

Na década de 1920, Gordon Childe datou uma "revolução" técnica no Neolítico no Oriente Médio em cerca de 10000 a.C., amplamente ligada ao refluxo das geleiras e a uma mudança climática. Essa hipótese foi enriquecida por Jacques Cauvin e Carl Sauer, que insistem no crescimento demográfico como fator de expansão das culturas agrícolas. De qualquer modo, o trigo farro, a pequena espelta e a cevada, o centeio, a lentilha, os cereais e as leguminosas cultivados sedentarizam localmente algumas populações em torno de celeiros, e o modelo se difunde em torno de cidades-Estados e mais tarde de impérios do Oriente Médio que parecem ter sido o segundo grande polo (em tamanho) de domesticação. Misturas eficazes de plantas servem de base a uma medicina cuja etimologia associa a ordem à medida, inspirando Hipócrates, o pai da medicina ocidental. Os trigos antigos e recentes com a cevada e o centeio são cultivados nos arredores das cidades e aldeias. E quando os cereais faltam, os tubérculos, as castanhas e as leguminosas (ervilhas, lentilhas) são associados a vários legumes, como alcachofra, aspargo, aipo, repolho, abóbora, agrião, funcho, rumex, alface-da-terra, rúcula, alho-poró, ruibarbo e condimentos (anis, alcaparra, cerefólio, cebolinha, louro, manjerona, menta, nigela, cebola, orégano, salsa, alecrim, açafrão, sumagre, tomilho), sem esquecer das frutas (maçã, ameixa e frutas vermelhas) que são também as obras-primas dos botânicos. Mais ao norte, onde o frio e o gelo limitam as culturas, raras são as raízes, exceto pelo salsifi negro, pelo rábano silvestre e por alguns condimentos como o alho, a cebolinha, o estragão e as frutas vermelhas.

No sul e no leste da Ásia, à medida que avançam as explorações arqueológicas, sítios neolíticos atestam uma passagem à cultura do arroz a partir de 8500 a.C. Paraíso das leguminosas (soja, feijão fradinho), tubérculos (entre os quais rabanete, pastinaca, lótus), legumes (bambu, aipo, repolho, fuki, malva, alho-poró, aralia), condimentos e especiarias (do anis estrelado à pimenta chinesa), frutas (um grande número, entre os quais cereja, jujuba, caqui, kiwi, lichia, laranja, pêssego chinês, e frutas secas como noz, ginkgo, amêndoa de pinho), o ar cultural sino-centrado testemunha associações com os cereais. Sobre os perímetros exteriores desse centro, da Índia ao Pacífico, combinações de leguminosas (grão-de-bico, feijão, feijão mungo), de oleaginosas (coco), de tubérculos (taro, inhame), de legumes (berinjela, pepino, espinafre), de especiarias e condimentos (do manjericão à citronela, gengibre e pimenta longa) podem associar também frutas provenientes de uma grande variedade (carambola, citrus, manga, melão), especialmente frutas secas (uma grande variedade de nozes).

Na África subsaariana, os altos platôs etíopes e o Sahel, à medida que o deserto avança em direção ao sul, os miletos e o sorgo cultivados parecem ser autóctones. Em contrapartida, no leste da África, as bananas plátano, os inhames e o taro provenientes da Ásia 5.000 anos antes enriquecem a variedade agrícola, como a mandioca vinda da América na época moderna. Nas Américas, o milho, o feijão e a couve são domesticados entre o Rio Grande e a atual Colômbia, enquanto os indígenas cultivam muito cedo as batatas, o girassol e o quenopódio em cerca de 2500 antes de nossa era.

Os cereais e, em menor medida, os tubérculos experienciaram uma expansão considerável, pois sua conservação e armazenamento trouxeram uma grande segurança alimentar às populações. As receitas que consistem na fabricação de mingaus cuja variedade é infinita resultaram nas primeiras cervejas produzidas a partir da fermentação da cevada. No Egito, as fermentações do pão e das *galettes* (tortilhas) diversificaram as práticas alimentares. Foram criadas formas de alimentação rápida com a charcutaria e da queijaria, e enfim, com o açúcar então abundante, a pastelaria foi desenvolvida no século XIX. Data-se os primeiros banquetes dos impérios da Antiguidade sumeriana em cerca de 3000 antes de nossa era; e a primeira dietética, na China do século III a.C. com Zou Yun e sua teoria dos cinco elementos (madeira, água, terra, fogo, metal) que encontramos nos órgãos humanos. Com Hipócrates e Galeno, mais tarde, Grécia e Roma desenvolvem leituras semelhantes, em que a nutrição é percebida como um instrumento de poder com as doações de pão e de carne suína ao povo (evergetismo). A Índia do jainismo e da ayurveda promove o vegetarianismo, enquanto os indígenas da América e alguns povos do Congo e do Niger mantêm práticas antropofágicas e canibais até a chegada dos europeus.

A abertura do mundo conhecido pela Europa a partir do século XVI contribui para uma grande fusão de plantas e de práticas culturais e culinárias. As cordilheiras andina, caucasiana e himalaia, grandes reservatórios de biodiversidade, oferecem uma variedade considerável de plantas que vai revolucionar as práticas alimentares e conduzir as populações do norte do planeta para a abundância, graças à rarefação das escassezes e fomes em tempos de paz a partir de meados do século XIX. Hoje, uma grande parte das produções vegetais e animais foram integradas a sistemas industriais produtivistas há mais de um século, sobretudo desde a Segunda Guerra Mundial. O uso de insumos químicos e de biotecnologias aumentou tanto as produções que foi possível acompanhar o crescimento da população mundial (7,7 milhões de habitantes em 2020). As mega-fazendas não são somente estadunidenses, mas chinesas, como a mega-fazenda da cidade de Mudanjiang, com 9 milhões de hectares e 100.000 vacas, e ainda australianas e brasileiras. Em 2020, a produção vegetal mais importante é a do açúcar (cerca de 2 milhões de toneladas), seguida do milho com 1,2 milhão de toneladas, com o arroz e o trigo se equiparando com cerca de 800.000 toneladas, e quase 300 milhões de toneladas de batatas. A criação de animais representa 40% do valor da produção agrícola mundial. A cada ano, são abatidos cerca de 60 milhões de animais, ou seja, 720 milhões de toneladas.

III – A pesca e os recursos marinhos

Estima-se em 38000 antes de nossa era as primeiras capturas de peixes, mamíferos (baleias, etc.), moluscos e crustáceos em sítios marítimos, lacustres e fluviais, especialmente da China meridional, onde em cerca de 2500 antes de nossa era existiam criações de carpas, e no Egito nilótico antigo. Captura manual e uso de arpão, armadilhas etc., prestavam-se para se obter uma boa quantidade de proteínas. As explorações expõem evidências de espinhas e escamas encontradas em tumbas do vale do Nilo, mas também nas de gregos, romanos, vikings, islandeses, japoneses e vários povos que viviam junto à água. As grandes pescas de mamíferos, como as baleias, dão lugar a cerimônias como os banquetes nos quais, por falta de conservação, era necessário comer rapidamente a carne animal.

Os povos litorâneos praticam ainda a coleta de moluscos (búzios, mexilhões, moluscos, mariscos...), sépias, polvos, calamares fritos ou grelhados e ouriços-do-mar. A multiplicação de costas pela tectônica litoral deu lugar por vezes a talassocracias (Grécia, Escandinávia, Portugal etc.) que são especializadas em algumas variedades privilegiadas, como atuns, bacalhaus, arenques e enguias.

Algumas regras alimentares determinadas pelas religiões, como o cristianismo que autoriza o peixe nos dias de jejum, e mesmo as culinárias mais elaboradas como as do sul e do leste da Ásia permitiram o desenvolvimento de pescas artesanais mais refinadas.

Artesanal na origem, a maior parte da pesca se torna industrial em meados do século XX. As tonelagens das embarcações aumentam a partir da década de 1970, a ponto de ter sido necessário organizar, especialmente pela convenção de Montego Bay sobre os direitos do mar, em 1982, os direitos de pesca em zonas econômicas exclusivas. Produtos do mar são superproduzidos, pois as embarcações pescam cada vez mais profundamente: até 100 metros de profundidade em 1960, três vezes mais hoje e, ainda que a pesca em águas profundas seja proibida na União Europeia, isso vale somente para distâncias além de 800 metros das costas. Resultado: 90% da população de peixes grandes (atum, tubarão, bacalhau, halibute) já desapareceu, e até 40% dos vertebrados marinhos deverão desaparecer nas próximas décadas. Cerca de 500 espécies de peixes e invertebrados marinhos estão em uma lista vermelha da União Internacional para a Conservação da Natureza (UICN).

Em 2020, os peixes e os crustáceos de criação, ou seja, 10% do produto da pesca mundial, são alimentados, em um terço, por farinhas de peixes de valor inferior, como as anchovas, as cavalas e as sardinhas. Com mais de 100.000 espécies de algas no mundo, a humanidade pode desenvolver esse setor, pois consome apenas uma pequena proporção, ou seja, 145, dentre as quais o wakame, o kombu, o nori e as algas vermelhas.

Permanecem grandes desigualdades na acessibilidade dos produtos: em 2020, mais de nove milhões de pessoas morrem de subnutrição (dos quais um terço tem menos de 5 anos), dois milhões sofrem de deficiências em micronutrientes (especialmente na África, onde uma pessoa em quatro é subalimentada). Ao mesmo tempo, dois milhões de pessoas sofrem de patologias ligadas ao sobrepeso, consequência especialmente da abundância. O problema da produção alimentícia no século XXI não é sua quantidade, mas sua disponibilidade e sua qualidade. E também seu desperdício, pois há muita superprodução. Em 2020, mais de 1,4 milhão de toneladas de alimentos (perda e desperdício) não serviu como nutrição (30% de cereais, 20% de produtos derivados do leite, um terço dos peixes e frutos do mar, 45% de frutas e legumes, 20% da carne), ou seja, um terço de tudo o que é produzido sobre o planeta. Quando os especialistas observam o impacto dessa produção desperdiçada sobre o clima, só podem se interrogar sobre a responsabilidade dos setores em certos países que provocam a superprodução.

Capítulo II
Transformar, conservar, comercializar

I – Os meios originais para conservar os alimentos

Múltiplas necessidades levaram desde muito cedo os entes humanos a preservarem seus recursos alimentícios. Inicialmente concebidos como um meio de impedir a putrefação dos alimentos, as técnicas garantiram reservas ao protelar o consumo. Prevenir-se contra colheitas insuficientes, enfrentar tempos de guerra, transportar seus alimentos por longos itinerários nômades engendraram necessidades similares. Desde a época paleolítica, além da conservação pelo frio, praticava-se secagem, salgamento e defumação. A secagem ao ar livre dos peixes e das presas era a técnica mais simples e a mais difundida no mundo. Amplamente utilizada no Oriente Médio no milênio XII antes de nossa era, é difundida no império romano antes de se tornar uma técnica sob abrigos aquecidos nos territórios setentrionais. A defumação abriu outra via de conservação, mais complicada, uma vez que requer um combustível e uma prática sazonal. Mas contribuiu para originar sabores apreciados, como o dos queijos defumados com ervas em Roma, e permitiu a adaptação ao ambiente, a exemplo da defumação de insetos na África Oriental. Ela se assemelha à *boucanage*, conhecida no espaço caribenho para grelhar e defumar carnes. A prática tártara da carne seca, transportada em pedaços ou em pó tinha papel importante na mobilidade dos exércitos de Khan. A técnica de salga originou uma economia mundial do sal, em particular para conservar peixes e carnes. Mais de 100.000 pessoas trabalham nas salinas chinesas da dinastia Song (séculos X-XII). Ibiza recorria à escravidão no século XVII para garantir a produção. Do mesmo modo, desde a Antiguidade, a conservação pelo açúcar se torna um método corrente e as compotas e as geleias se espalharam do Oriente Médio até a Inglaterra Tudor.

Outra via consistia em transformar os alimentos por cozimento ou por fermentação. Antes que o domínio de um forno (*foyer*) permitisse uma prática mais regular, os fogos naturais serviam para curar alimentos. As explorações efetuadas na África do Sul em Swartkrans, sítio classificado como patrimônio mundial da Unesco em 2000, são prova disso, pela presença de ossos queimados de mais de 1,5 milhão de anos. O papel das cocções originais não era apenas o de conservar. Tratava-se também de tornar os alimentos consumíveis, fosse pela transformação de vegetais tóxicos em estado cru, a exemplo da mandioca cultivada na Amazônia, para tornar as matérias digeríveis, ou para os transformar, como os maias o fizeram ao torrar as favas de cacau. A fermentação ampliou as possibilidades alimentares de todas as civilizações, de produtos lácteos a condimentos.

II – A longa história dos artesanatos gastronômicos

Embora a moda contemporânea do "feito em casa" tenda a revalorizar as preparações culinárias domésticas nos países desenvolvidos, a ponto de se querer fazer pão, cogumelos e iogurtes, adquirir de artesãos externos se inscreve em uma dinâmica antiga. Com certeza, qualquer que seja o ar cultural considerado, a prevenção por muito tempo incitou a elaboração de suas próprias reservas. Mas, desde a Antiguidade, as atividades de transformar os cereais, preservar carnes, e transportar doces e queijos originaram verdadeiras ocupações consagradas à fabricação de alimentos. Substituindo produções familiares e fundando um comércio de mercadorias, artesanatos gastronômicos precederam as indústrias alimentícias. Esse processo constitui uma evolução da transformação dos recursos resultantes da agricultura e da criação de animais no centro das civilizações. E é acentuado pelo efeito do consumo urbano.

1. A transformação dos cereais

Transformar os cereais foi uma das primeiras vias artesanais. As galettes feitas de farinha e água já eram assadas graças à técnica de pedras aquecidas no Oriente Médio no milênio XVII antes de nossa era. A preparação das galettes de milho dos maias não era tão distante. Juntamente com os mingaus, o pão fermentado, obtido a partir do trigo mole, pôde aparecer por volta de 6000 a.C., mas só é comprovado pela arqueologia dois milênios depois. A diversidade de preparações prevalecia no neolítico como na Mesopotâmia e no Egito. A transformação dos cereais, que veio após o consumo de cereais selvagens, passava igualmente pela fabricação de *gimblettes* (pequenos artigos de pastelaria duras e secas em forma de anel), papa e cerveja. Um pão encontrado no distrito de Berna (Suíça), datado de 3560 a.C., poderia ser o pão mais antigo conhecido conservado do neolítico ocidental, do mesmo modo como são atestadas as pastelarias do começo do milênio III. A convergência técnica, da mó para moer o grão à construção de fornos de cozimento, reforçou o papel do pão. Mas a transformação dos cereais deixou vários caminhos em diferentes áreas, separando o consumo de pães, galettes e mingaus. Desde a Idade do Ferro na Europa ocidental, a construção de fornos coletivos reuniu comunidades humanas. Embora representações de figuras já sejam conhecidas nos objetos funerários do Egito do Império Médio, a ocupação de padeiro se afirma a partir da Antiguidade. Os primeiros que aparecem na Grécia no final do século V realizam, ao mesmo tempo, a moagem e o cozimento. Na Roma republicana e mais tarde na imperial, embora o consumo de mingau e de galettes não fermentados tenha perdurado, o pão só faz parte das preparações domésticas no meio aristocrático. Os padeiros se organizam em grupos, desfrutando de um lugar essencial na cidade, como testemunham os afrescos de Pompeia. Vigiadas e regulamentadas, as ocupações do pão se diversificam em múltiplas concorrências durante a Idade Média ocidental. A profissão dos padeiros se amplia, distinguindo os forneiros que assam por encomenda e os padeiros que forneciam – sem que as produções domésticas de pão desaparecessem –, os pasteleiros cujos *status* se torna mais clara no século XV, os panificadores que peneiram as farinhas, os fabricantes de bolos, de coberturas e de biscoitos. Alimento de base, essencial na cristandade ocidental como na civilização turco-otomana, o pão e sua fabricação se tornam questões comunitárias e políticas.

2. A preparação das carnes

A preparação das carnes deu origem a outro artesanato gastronômico cuja presença é atestada desde a Antiguidade. Os açougueiros, inicialmente associados aos locais sacrificiais e litúrgicos, ocupam um lugar que depende do consumo desigual de carne. Seu comércio é controlado tanto na Mesopotâmia como no Egito. Em Roma, distinções de ocupação separam açougueiros de charcuteiros e vendedores de aves. A condição plebeia da maior parte dos açougueiros se opunha à posição social mais elevada dos comerciantes de carne. Com sua ocupação considerada vergonhosa, pois estava ligada ao sangue e ao abate, os açougueiros, na Idade Média, são tão temidos que podem se associar a problemas políticos. A revolta dos açougueiros que seguem seu líder, Caboche, em 1413, em Paris, é prova disso durante a guerra civil que opõe os Armagnacs e os Bourguignons sobre o fundo de reformas fiscais. De um modo mais geral, o açougue é uma instituição muito vigiada a fim de garantir sua higiene e o controle dos preços. É o que ocorre nas cidades árabes sob a tutela do *muhtasib*, como nos bairros judaicos das cidades ocidentais. A profissão se diversifica igualmente entre os séculos XIII e XIV, quando charcuteiros se especializam na preparação de carnes cozidas e de diferentes salsichas, até a origem das *salumeria* italianas com a venda de produtos de mercearia e de queijos. No entanto, açougues não se implantam em toda a parte. Nas cidades japonesas, é necessário esperar pelo século XVIII para que apareçam.

3. Os outros produtos

Outros setores através do mundo permitem sublinhar o caráter universal do fornecimento de alimentos a partir de fabricações artesanais precoces, como os patês na China e a cerveja na Mesopotâmia. A transformação do leite em produtos sólidos apresenta uma imensa diversidade no mundo das primeiras civilizações. Nem todos originam um artesanato, mas do consumo dos nômades fulani ao fornecimento do *so* ou leite desidratado no Japão, entregue ao imperador e aos aristocratas antes do século XIII, múltiplas técnicas foram exploradas. O açúcar, extraído da cana, suscita igualmente várias vias artesanais que levam à arte da confeitaria. Na China dos Song, a arte do caramelo é descrita no século XII e a profusão de guloseimas multiplica os sabores de doces aromatizados. Sob a influência árabe, as guloseimas à base de açúcar de cana, de frutas e de méis se difundem no Ocidente, especialmente a partir da Sicília.

4. Da mesa à arte

A importância dessas primeiras profissões alimentares transparece na arte. Os mobiliários das tumbas egípcias conservam em miniaturas o trabalho dos padeiros e dos cervejeiros. Os vitrais de igrejas medievais celebram Santo Honório, o patrono dos padeiros. Na Renascença, pintores representam o açougue. Em definitivo, os artesanatos gastronômicos prefiguram com meios técnicos engenhosos e uma melhoria de procedimentos mais ou menos empírica, o que as indústrias alimentícias destacam a partir do fim do século XVIII, sem, no entanto, fazer desaparecer todas essas ocupações.

III – O desenvolvimento das indústrias alimentícias

1. O crescimento urbano

O crescimento urbano engendra indústrias alimentícias em todas as áreas culturais. Bagdá no século X, Xian durante a dinastia dos Tang e Tenochtitlan no império inca no século XV devem alimentar centenas de milhares de habitantes. Os setores alimentares permitem provisionar tanto as escalas locais modestas quanto as mais importantes. Alguns produtos adquirem inclusive uma notoriedade que os torna conhecidos fora de seu território original como os goudas aromatizados com cominho, famosos no século XVII. Nesse processo de abastecimento, a etapa artesanal permanece a mais difundida para produzir mercadorias alimentares durante vários séculos ainda após os tempos medievais. Todavia, se os historiadores não podem evocar verdadeiramente uma indústria alimentícia antes do século XVIII, formas precoces de produção em grande escala já haviam aparecido em contextos geográficos limitados, como para produzir a cerveja ou as farinhas, por exemplo. O caráter industrial de alguns setores já procedia da evolução das técnicas, pelo desenvolvimento de meios mecânicos e da melhoria de instalações. Os *ateliers* açucareiros sicilianos no século XIV – os *trappeti* – ou as refinarias de açúcar chinesas no século XVI se inscrevem, como as vinagrarias, as olearias, as biscoitarias, em uma longa história.

2. O impacto do comércio internacional

O comércio internacional modifica as escalas de produção. O refino do açúcar prospera na maioria dos portos europeus, de Amsterdã a Hamburgo. A Antuérpia reúne refinarias desde 1550, Rouen, a partir de 1613. Trinta refinarias funcionam em Bordeaux em 1789. Durante o século XVII, a Europa triplica suas importações de açúcar. As destilarias se desenvolvem e estabelecem mercados internacionais como os fabricantes de conhaque ou as genebrarias da Holanda. O crescimento do comércio marítimo envolve também a produção alimentar de fins específicos. As biscoitarias encontram nos portos o lugar ideal de implantação para fornecer bolachas marinheiras. Em Veneza, em 1761, os fornos de Sant'Elena empregam 56 trabalhadores para uma fabricação muito especializada que funciona dia e noite. As carnes curadas contribuem para provisionar as marinhas.

3. Da conservaria à apertização

No começo do século XIX, aparece outra indústria: a apertização, que altera os princípios da conservaria. A mudança é sempre apresentada como uma revolução técnica. Não é necessário, no entanto, ignorar práticas muito antigas que haviam tornado comum o consumo de pratos preparados em conserva, por exemplo, na mesa dos comerciantes paleoassírios no começo do milênio II a.C. O *confit*, seja de açúcar ou de gordura, assemelha-se também às conservas. A preparação de frutas cristalizadas em Apt desde meados do século XVII já era uma forma de indústria, e os gansos confitados de Castelnaudary adquiriram notoriedade fora das fronteiras na década de 1770. O que muda é a multiplicação das conservarias no século XIX. Em 1809, Appert é reconhecido por fazer progredir a arte de conservar substâncias vegetais e animais. A evolução técnica toma forma na mesma época na Inglaterra onde o rei Jorge III entrega a Peter Durand uma patente de fabricação de recipientes em metal para preservar os alimentos. A manufatura Donkin & Hall inicia em 1813 com latas de folhas de flandres. Os filhos de um comerciante de chapas metálicas pintadas, Charles Rödel, estabelecem-se em Bordeaux em 1824, no mesmo ano em que inicia a conservaria de sardinhas Colin em Nantes. Do outro lado do Atlântico, William Underwood funda uma usina de conservas de frutas em Boston a partir de 1819. Em 1856, Gail Borden cria a primeira empresa americana de conservação de produtos lácteos. Voltadas para o fornecimento à marinha para sanar a ausência de alimentos frescos, e mais tarde aos exércitos e, então, progressivamente ao consumo urbano, as conservarias se multiplicam. No fim do século XIX, o setor francês de sardinhas em óleo fabrica 40 milhões de latas por ano dos quais quatro quintos são exportados. A empresa britânica Crosse & Blackwell despacha em todo o império britânico dezenas de milhares de conservas de pescados, fiambres e queijos. As exposições universais confirmam essa expansão mundial. Em 1904, em Saint-Louis, a França e suas colônias reúnem 21 expositores em meio aos 221 vindos, principalmente, da Europa (35%), da América (51% dos Estados Unidos e 6% do México e de Cuba) e da Ásia (7%). A industrialização do setor avança na medida em que inovações técnicas contribuem para isso: impermeabilidade do aço a partir da década de 1880, "*sanitary can*" (lata sanitária) criada em 1901 nos Estados Unidos. Laboratórios reúnem suas capacidades de pesquisa.

A American Can abre o seu em 1926. A empresa francesa Carnaud, parte de um estabelecimento de latoaria retomado de Forges de Basse-Indre em 1822, faz o mesmo em 1931. O mercado publicitário serve de vetor comercial, a exemplo da Campbell, fundada em 1869, na Nova Jersey, e cujos *slogans* sobre sopas em conserva são afixados nos bondes. Em 1898, Campbell já vende mais de 500.000 latas ao ano. As produções atingem níveis consideráveis nas conservarias de carne de Chicago, Cincinnati e Saint-Louis.

4. *A internacionalização das empresas alimentícias*

Além das conservarias, todos os países que se industrializam durante o século XIX originam empresas alimentícias que se internacionalizam. Cervejarias, biscoitarias, olearias, maltarias, fecularias, leitarias, destilarias, chocolatarias, confeitarias, moinhos de sêmola e fábricas de patês intensificam os vínculos entre a cidade e os campos produtores de matérias-primas. Da mesma forma que as empresas têxteis e metalúrgicas, as fábricas alimentícias caracterizam o processo de industrialização pela amplitude de seus estabelecimentos e pela importância de seu pessoal. A mais importante das cervejarias de Londres, Whitbread, garante somente para si um terço da produção de cerveja forte em 1830. A sociedade Armour and Swift, especializada nas conservas de carne e de bacon, une à Fort Worth em 1903 mais de 22.000 assalariados. Em 1913, o chocolateiro Menier produz 16.000 toneladas de chocolate. Algumas empresas transpõem um novo patamar ao se internacionalizar. A Guiness funda sua cervejaria irlandesa em 1759 e passa a exportar. A Nestlé, criada em 1866, torna-se o arquétipo da empresa multinacional produzindo a farinha láctea. Mais do que outras, as empresas de chocolate lideram o movimento, Cadbury em Birmingham, Suchard em Neuchâtel, Neuhaus em Bruxelas, mas também Rowntree's, Lindt, Stollwerck e Majani. Pela publicidade e diversidade de suportes de anúncios utilizados, pelos esforços de pesquisa empregados, e pelas estratégias de inovação comercial, se necessário pelo domínio dos mercados facilitados por acordos, a exemplo do cartel do chocolate formado em 1903, essas empresas alimentícias iniciam a globalização das indústrias alimentícias. Apoiadas na exploração de matérias-primas vindas de todos os continentes, estendem seus mercados remodelando os consumos pela invenção de novos produtos, especialmente, na mercearia. De uso fácil, essas inovações liberam várias tarefas culinárias. Durante o século XX, grupos se impõem ao deter marcas que eles controlam. No início da década de 2020, uma dezena de multinacionais detêm algumas centenas de marcas (Nestlé, Pepsico, Kellogg's, Coca-Cola, Unilever...). Mas muitas delas já haviam conquistado suas posições durante o século XIX pela difusão de novos produtos como as sopas desidratadas Liebig ou os condimentos Heinz.

A transformação das matérias-primas alimentícias se tornou cada vez mais científica e técnica, seja pelo desenvolvimento de novas tecnologias de tratamento de alimentos (nanofiltragem do leite, ionização), seja pelo recurso à microbiologia e à engenharia dos procedimentos. As indústrias alimentícias são hoje tanto aquelas que transformam as matérias-primas quanto as que criam múltiplos componentes que se tornaram necessários pelas cadeias complexas de fabricação.

IV – Preservar os mantimentos

Na articulação da conservação de alimentos à sua comercialização, os recipientes e as técnicas de embalagem constituíram outra implicação fortemente determinada pela evolução das indústrias alimentícias e pelas inovações tecnológicas. Tratado diferentemente no mundo em função dos materiais disponíveis e das necessidades, o acondicionamento de alimentos não é menos universal. Gregos e romanos transportavam óleo, vinho e trigo em jarros e ânforas através de todo o Mediterrâneo, muito antes do uso do barril de madeira. Graças à arqueologia, a restituição dos lugares de produção de ânforas, os selos gravados que elas trazem ou suas marcas pintadas indicam a importância dessa atividade. Molhos de pescados de Bétique, vinhos da costa tirrênia e o abastecimento dos exércitos romanos na Escócia circulavam em ânforas de formas variadas. A proteção das mercadorias já era o vetor de sua difusão. As rotas do chá são constituídas na Ásia igualmente com vários acondicionamentos. Barras de chá eram transportadas por caravanas de iaques para o Tibete no século VII, o chá em blocos era utilizado na mesma época no Japão ou distribuído no espaço turco-mongol. Muito mais tarde, o chá viaja em caixas de bambu cobertas por peles bovinas para itinerários terrestres que impedem a umidificação produzida pelo ar marinho. Mas, a partir do século XVI, as rotas internacionais privilegiam os transportes marítimos, e o chá deve ser preservado diferentemente, por compressão ou em caixas impermeáveis.

O frio também serviu de maneira precoce para preservar os alimentos. Conservar a caça no frio de uma gruta, resfriar bebidas na água congelada de um rio e abrigar mercadorias em uma caverna por muito tempo forneceram meios rudimentares mais relativamente eficazes. O frio industrial inaugura uma nova capacidade tecnológica em meados do século XIX. Vários projetistas americanos desenham máquinas de refrigeração antes que o francês Ferdinand Carré construa uma máquina de absorção do frio em 1863 onde o amoníaco serve de refrigerante. A ciência reúne a técnica quanto

Car von Linde apresenta sua teoria da liquefação dos gases em 1876. O primeiro congresso internacional do frio que ocorre em Paris em 1908 demonstra entre outros os usos que os setores alimentícios podem tirar dele, da cervejaria à conservação de carnes. Na Califórnia, torna-se possível desenvolver uma agricultura frutífera extensiva graças ao armazenamento refrigerado das frutas. A evolução tecnológica permite oferecer alimentos congelados nos Estados Unidos em 1930. Alguns anos antes, o empresário Clarence Birdseye experimentava em Labrador a técnica de alimentos mergulhados na água muito salgada e depois expostos ao vento glacial. A moderna cadeia de frio, tornada uma questão capital de higiene, se estende de entrepostos frigoríficos e transportes refrigerados até congeladores domésticos, que se tornam símbolos de conforto material. Mas, sobretudo, ela transformou as indústrias alimentícias, das de pesca, nas quais 25% das presas no mundo eram congeladas por volta de 1980, às de laticínios, que garantem pelo frio a estabilidade de seus produtos.

A multiplicação dos transportes dos produtos alimentícios produziu a diversificação dos tipos de acondicionamento. A embalagem se afirma até se tornar um elemento constitutivo da proteção das mercadorias. Além disso, é um fator de litígio no caso de avarias. Os materiais mais diversos são utilizados para esse fim. O papel servia, por exemplo, para os pães de açúcar. Os recipientes de madeira ou de vime tinham a função isolante ou de amortecimento de choques. A palha permaneceu em uso durante vários séculos. O vidro oferece novos recipientes, tanto para bebidas como para as matérias secas no fim do século XVIII. Pouco a pouco, as técnicas substituem os meios mais eficazes ou mais sólidos, como os potes de álamo que permitem embalar os queijos, as latas de folha de flandres para guardar os doces, os barris metálicos para transportar a cerveja, a caixa de papelão sob diversas formas. A difusão de novos materiais, como o alumínio, que se torna comum no fim da década de 1880, e o celofane, a partir da década de 1930, suscitam igualmente debates e controvérsias sobre sua inocuidade após a Segunda Guerra Mundial, nos Estados Unidos como na Europa. O plástico desempenhou um papel técnico importante para proteger os alimentos e bebidas, a exemplo da marca Tupperware, que simbolizou inovações domésticas da década de 1960, mas é hoje percebida sobretudo como a fonte de uma poluição ambiental que resulta de seu uso. Às soluções únicas para preservar os alimentos se impõe em breve a combinação de vários materiais. A inovação do Tetra Pak em 1963 combina, por exemplo, a solidez da caixa de papelão, a proteção do alumínio e a impermeabilidade do plástico.

Após a industrialização da alimentação, outras tecnologias, mais sofisticadas, são mobilizadas. À esterilização de conservas e às vantagens da pasteurização, resultantes, na década de 1880, dos trabalhos que Pasteur conduziu sobre o vinho, o açúcar e a cerveja, os industriais acrescentaram no século XX o tratamento UHT (Ultra High Temperature), a embalagem a vácuo e a liofilização. Os legumes de quarta gama que são embalados em sacos protetores sob atmosfera controlada participam dessa busca por inovações que devem, ao mesmo tempo, impedir a proliferação de micro-organismos e manter o aspecto e as qualidades organolépticas dos produtos.

Capítulo III
Os circuitos de distribuição alimentar

I – Abastecer as cidades

O abastecimento alimentar das cidades é ao mesmo tempo uma questão de proximidade e de provisionamento de longa distância. As respostas apresentadas ao longo da história envolveram múltiplos parâmetros: os espaços urbanos consagrados à produção alimentícia, as extensões de áreas de cultivo próximas às cidades – territórios que elas controlam mais ou menos –, as modalidades de organização edilitária das municipalidades.

1. O desenvolvimento da horticultura e da produção frutífera

Elas procedem de origens múltiplas e se dissociam de hortas destinadas ao consumo doméstico. Ao jardim ornamental da vila antiga sucedem os jardins domésticos com cultivo de legumes cuja diversidade se amplia ao longo do tempo. Feita da associação de plantas nutritivas e ervas com virtudes medicinais, a produção vegetal assume um lugar essencial nas áreas monásticas cercadas na Idade Média e a partir do século IV, no Egito. Os jardins dos palácios aristocráticos entram na economia nutricional durante o Antigo Regime. Dessas estruturas privadas, uma parte dos produtos podia se unir aos mercados urbanos. Porém, a contribuição das hortas dispersas no interior do território ou fora dos muros da cidade e a expansão de pomares, que confirma a atenção dirigida à arboricultura a partir do século XIII constituíam os fornecimentos mais importantes. Elas justificavam a ocupação espacial de numerosos lotes, que costeavam os muros pela proteção contra o vento e pelo calor refratário; ou, em se tratando de legumes e frutas, se estabeleciam próximo à água, poços, moinhos, rios, pântanos; ou ainda, no caso de vinhedos, sobre ladeiras bem expostas. A capacidade técnica dos jardineiros se torna fundamental tanto na utilização de adubos naturais – os estrumes se tornam inclusive objeto de regulamentação nos arrendamentos de exploração – quanto no domínio dos aportes de água. A horticultura andaluza no século XI, desenvolvida pela presença árabe como *hortillonages* flamengas, onde nasce uma cultura intensiva no século XVII, encarnam seu sucesso. As plantas aclimatadas, selecionadas e melhoradas especializam a horticultura a partir da Idade Média. Os jardins botânicos contribuem para isso. As grandes cidades europeias e suas universidades, de Leiden a Pádua, possuem todas seu lugar de ciência no século XVI onde novas variedades são introduzidas, muito tempo antes de serem produzidas em quantidade. É o caso das plantas exóticas vindas da América. A partir do século XIX, as inovações culturais, associadas à mecanização e à evolução dos conhecimentos agronômicos e químicos, transformam as condições da produção de vegetais e frutas. Ela se reduz espacialmente nas cidades, permitindo a subsistência de empresas fundiárias marginais, em proveito de um aprovisionamento de frutos e legumes que associa produções agrícolas vizinhas e colheitas de grande cultura, algumas das quais são cultivadas em estufas. O desenvolvimento de empresas produtoras de sementes, da primeira estabelecida na França, em Lyon, em 1650, às grandes sociedades sementeiras desenvolvidas a partir do século XVIII na França (Vilmorin-Andrieux) e do século XIX na Europa (Sluis, Benary), nos Estados Unidos (Ferry-Morse) e no Japão (Takii), favorece uma horticultura científica.

2. A rede de transportes

Os meios de transporte mudaram igualmente as possibilidades de abastecimento das cidades. O estado das estradas limitava a rapidez de transporte de mercadorias, mas essas permaneciam o itinerário privilegiado. O gado necessário ao consumo de carne chegava ainda no século XVI em longos rebanhos de vários milhares de cabeças da Europa oriental para Alemanha e norte da Itália. No final do século XVIII, os açougueiros parisienses vão buscar sua carne até na Suíça e os de Londres possuem redes em toda a Inglaterra. É também pela estrada que as cargas de pescados desembarcados nos portos costeiros atingiam em algumas horas ou dias as cidades europeias do interior abastecidas pelas *"chasse-marées"*.* As caravanas que atravessam o deserto para transportar as especiarias não são velozes, mas contam com milhares de animais de carga. A frota sobre os rios não é melhor em razão da irregularidade da navegabilidade e da lentidão dos comboios. Somente o comércio por vias marítimas estabelece tráficos em grande escala, tanto no império aquemênida do Nilo ao Indo no século V a.C. quanto no Báltico medieval e, com certeza, no triângulo atlântico no século XVIII. Duas transformações capitais de transportes modificam as condições de abastecimento das cidades. A cobertura ferroviária continental, que só toma forma verdadeiramente na década de 1880, permite conectar mais rapidamente zonas de produção e zonas de consumo. É o caso das ferrovias transcontinentais nos Estados Unidos, Canadá ou Rússia. Com distâncias mais curtas, é também o caso de expedições de frutos do norte da África ou da Riviera mediterrânea para cidades alemãs e Londres a partir da

---

* Carruagem que transportava rapidamente ao mercado o produto da pesca marítima. [N.T.]

década de 1890. Dessas resultam concorrências regionais que podem engendrar verdadeiras seleções varietais mais aptas ao transporte. Sobretudo, são as quantidades transportadas que aumentam. Em 1909, a companhia do Paris-Orleans criou um trem sazonal que, durante três semanas, transportava apenas aspargos. Em 1938, 86% da pesca e 88% da manteiga chegavam a Paris pela ferrovia. A estrada só retoma seu lugar depois da Segunda Guerra Mundial. As tentativas de transporte refrigerado que fracassaram entre Montevidéu e Londres em 1868 preparam uma mutação ainda mais importante. Em 1878, quando o transporte de carne congelada da Argentina para a Europa é bem-sucedido, toda uma nova economia alimentar toma forma. A partir de 1880, a Grã-Bretanha importa carne de ovelha da Austrália em 40 dias; os produtores de carnes curadas de Chicago entram em um mercado mundial; as frutas do sul da África são desembarcadas na Europa ainda verdes. É necessário, então, aguardar o avião de carga do século XX para transpor uma nova etapa que favorece a globalização alimentar pela circulação de produtos.

3. O abastecimento das cidades é um assunto de administração municipal

Os administradores públicos, uma vez que exerciam um papel no abastecimento alimentar, tiveram de construir diversas instalações para armazenar transformar ou vender os alimentos. Os entrepostos de trigo ou os celeiros de sal são uma de suas primeiras formas. Guardar a neve e o gelo para garantir os usos do frio engendra a construção de geladeiras. Nas cidades, elas cumprem as mesmas funções que nos domínios senhoriais da Europa moderna, mas são de um volume muito mais importante, dando por vezes seu nome aos bairros da "geladeira". Os entrepostos frigoríficos se tornam imperativos com o desenvolvimento das indústrias alimentícias. Em 1910, na Suécia, 70% da capacidade frigorífica instalada está nas cervejarias. Também havia meios mais simples. No Egito fatímida, os sacos de cânhamo bastavam para conservar o gelo. O abate do gado envolve a edificação de abatedouros segundo normas muito variáveis de um país a outro. O sacrifício de animais introduzia o abate no centro da cidade antiga. Fazer os animais entrarem caminhando nas cidades garantiu então o controle sanitário antes do sacrifício, mas a regra não é única. Na Itália, os abates são, especialmente, na periferia das cidades a partir da Idade Média. A partir do século XIX, o afastamento do abate das cidades, implementado mais ou menos rapidamente, se deve à higiene e à salubridade, mas também ao distanciamento cultural entre os humanos e os animais abatidos. A diversidade de instalações prevalece apesar da difusão de modelos de organização: arquitetura racionalizada de La Vilette, abatedouros higiênicos de Berlim, usinas de carne de Chicago. Os mercados e feiras constituem outras instalações urbanas amplamente difundidas. Elas são criadas no centro, locais antes destinados a negócios, convívio e afirmação do poder político desde a Antiguidade. Eles estabelecem uma topografia alimentar marcada pelos mercados de grãos, pescado e ervas. As casas perigordinas se organizam no século XIII em torno de feiras cobertas. No fim da Idade Média, as grandes cidades europeias têm uma edificação dedicada ao comércio de alimentos frescos, tanto em Veneza como em Londres. Os azoques árabes transbordam de produtos alimentícios. A arquitetura metálica aumenta as superfícies e as instalações comerciais das quais todas as cidades se provêm no último terço do século XIX. Na Grã-Bretanha, 341 mercados cobertos são construídos entre 1800 e 1870. Em Java, em 1864, o grande mercado coberto difere dos mercados ao ar livre das cidades indianas. Imensos mercados são, hoje, herdeiros dessas funções comerciais plurisseculares: Tsukiji em Tóquio, Queen Victoria em Melbourne, Oaxaca no México e Kaolack no Senegal.

II – O comércio internacional dos produtos alimentícios

Ainda que os recursos locais constituam o primeiro aporte alimentar do cotidiano, a extensão dos circuitos comerciais não cessou de diversificar os alimentos consumíveis. Uma segmentação social aparece, certamente, em função do preço e da raridade. O acesso aos alimentos vindos de longe permanece por muito tempo desigual. Esse distanciamento se relativiza em função dos períodos.

1. Na Antiguidade

O Mediterrâneo antigo é atravessado por fluxos alimentares. As mercadorias fenícias que são transportadas no século XIV a.C. prefiguram o intenso tráfico de especiarias. Em Atenas, como em Rodes, durante a época helenista, as importações de cereais são necessárias para completar as colheitas locais, com uma parte vindo da Ásia menor, outra do Egito. O problema da importação do grão é tal que esses fornecimentos são regulados e determinam a política externa das cidades. Em Roma, durante o império, a profusão se torna um símbolo de poder. O cominho vem da Síria; as carnes curadas, de Pont-Euxin; os figos, de Cartago; o pescado salgado, de Tingitane; o garum, de Cartagena, os vinhos, de Lesbos e Chios. Os escritos de Flávio Josefo dão a medida de algumas importações vitais no século I d.C.: a plebe romana era nutrida durante ao menos 8 meses do ano pelos trigos da África. A Bíblia relata os fornecimentos de Tiro a Damasco. Textos em papiro da era ptolomaica confirmam os comércios de cereais, de pescado, de legumes e de substâncias aromáticas entre a Síria, o Egito e a Fenícia.

2. Na Idade Média

O passo dado na Idade Média amplia o espaço alimentar pelas relações comerciais de longa distância. O exemplo mais corrente é o das especiarias. De fato, na Índia e na China, as especiarias eram difundidas nas culinárias e nas farmacopeias muito antes de seduzirem o Ocidente. Vários polos importantes centravam seu comércio: Malaca, a costa de Malabar, Siraf e Alexandria. Todo o espaço do Oriente Médio se tornou uma plataforma de redistribuição para o Ocidente, da canela do Ceilão aos girofles indonésios. Na Europa, Veneza se torna um verdadeiro cruzamento de redistribuição em contato direto com os comerciantes árabes. Na corte de Borgonha, no século XV, as especiarias que são mencionadas nas contas de aprovisionamento são empregadas para a cozinha, mas também para usos farmacêuticos ou de perfumaria. Elas são numerosas e variadas: anis, canela, alcaparra, galanga, gengibre, noz moscada, açafrão etc. A pimenta, que já não era muito valorizada no fim da Idade Média – após ter sido muito desejada durante os séculos anteriores –, torna-se a especiaria mais utilizada até o século XVIII. Cada especiaria se torna objeto de comércios que os mercadores procuram controlar, como o fazem os genoveses com o mástique de Quios, famoso desde a Antiguidade.

Os aportes da culinária árabe para o Ocidente atraem fluxos de produtos em circulações complexas. O caso da berinjela é exemplar. Saído da

China para o Japão durante a época Tang no século VIII, o legume migra para a Indonésia e para as Filipinas. As rotas comerciais marítimas o levam da Índia para a Europa meridional. Sob a influência muçulmana, a berinjela entra no repertório dos tratados de medicina a partir do século IX em Córdoba antes de integrar os da escola de Salerno na Itália no século XII. Outros alimentos passam a ter lugar nos hábitos alimentares após longos trajetos. Melões, ameixas e uvas chegavam a Bagdá a partir do litoral mediterrâneo. No sentido inverso, o damasco e o pêssego transitam pelo espaço persa a partir do Oriente Extremo. O açúcar levantino delineia áreas de consumo privilegiado no sul da Europa assim como na Inglaterra. O comércio emprega, assim, conexões que resultam de longas peregrinações. No século VII, o chá passa da China à Coreia ao mesmo tempo em que se desenvolve no Japão. Difunde-se pelas estepes da Ásia para a Rússia, onde as grandes cidades fazem dele uma bebida apreciada no século XVII, e para o Irã e o Cáucaso no espaço muçulmano no século XIV. A Europa se beneficia dele a partir do século XVII, suscitando a criação de casas de chá e de uma concorrência que provoca conflitos para se aprovisionarem.

Os equilíbrios alimentares repousam nessas rotas comerciais que são multiplicadas durante os tempos medievais. O sal constituiu um dos roteiros mais estratégicos, mas o gelo também poderia se mostrar assim. O transporte de gelo e de neve ocorre no Oriente muçulmano desde as montanhas da Síria e do Iraque para as cidades do Cairo, Bagdá ou Meca. Útil para fabricar sorvetes e bebidas refrescantes, essa técnica já era praticada na Antiguidade, tanto na China como no Mediterrâneo, mas em grande parte reservada às elites sociais. Essas logísticas ainda se mantêm na América no século XVII das Rochosas para Nova York.

3. A virada dos séculos XV e XVI

Uma transição de magnitude muito grande ampliou ainda mais os horizontes comerciais na virada dos séculos XV e XVI. Aos roteiros que já eram correntes, unem-se as descobertas para as costas ocidentais e meridionais da África (o Cabo da Boa Esperança, transposto em 1488, mas que já era conhecido pelos persas no século XI) e depois para a América (Cristóvão Colombo em 1492), que alteraram ao mesmo tempo as rotas comerciais, os produtos transportados e as questões econômicas. O Novo Mundo, que passou a ser explorado pelos espanhóis, e as trajetórias portuguesas para o Oceano Índico e a Indonésia transformam o comércio alimentar mundial. O cacau chega a Cádiz na década de 1530; o café entra em Istambul por volta de 1543; a batata é conhecida nas Canárias em 1567. Cada produto conhece itinerários dilatados ao longo de décadas. A batata entra na Nova Zelândia em 1773; as *coffee house* se multiplicam em Londres em meados do século XVII; o cacau é importado pelos judeus sefardins exilados nas Províncias Unidas durante o mesmo século. Os colonos europeus, os armadores e as poderosas companhias se tornam seus agentes principais no século XVII, a exemplo da Companhia neerlandesa das Índias Orientais, a poderosa VOC, e seus equivalentes franceses e ingleses. O estabelecimento de relações intercontinentais de zonas de produção de matérias-primas – especiarias, cana-de-açúcar, cacau, café, açúcar – e de polos de beneficiamento na Europa modifica a história de civilizações multisseculares, sejam elas as pré-colombianas ou a chinesa, indiana e árabe. Destinadas às mesas aristocráticas e mais tarde às burguesias que acessam novos itens de consumo material a partir do século XVII, esses fluxos de produtos exóticos envolvem consequências consideráveis: por um lado, o sistema de lavouras às custas da escravidão e do trabalho forçado; por outro, o desenvolvimento de estabelecimentos industriais alimentícios. O consumo de produtos exóticos estende seus efeitos a outras indústrias conexas. As louças para café e chá e a porcelana de mesa são incluídas nos inventários após falecimentos nas classes sociais afortunadas, tanto na Inglaterra, onde aparecem em 15% desses documentos em 1725, como na Virgínia e em Maryland, onde conforme o caso sobem de 25% para 55% às vésperas da independência americana. Os efeitos econômicos dessas alterações são hoje reconsiderados pelo viés de uma história integrada, apoiada na Global History [História Global]. Essa história global mostra a intensidade das transações muito além dos fluxos que convergiam para a Europa.

4. O século XIX: um século de crescimento

A partir do século XIX, esse comércio mundial de produtos alimentícios atingiu um crescimento exponencial. Esse desenvolvimento inicia com as condições técnicas dos transportes, pela melhoria das navegações, organização das infraestruturas portuárias e abertura de novas vias de passagem (o Canal de Suez em 1869; o Canal do Panamá em 1914). As bananas chegam às dezenas de milhares no mercado inglês na década de 1880 vindas das Ilhas Canárias; trinta anos mais tarde, vêm também da Jamaica, do Panamá e da Costa Rica. O comércio de tâmaras que conecta Bagdá, Basra e Estados Unidos culmina em 1922 com 24.000 toneladas importadas. As migrações propagam o consumo de um continente ao outro. A abertura das concessões estrangeiras introduz em meados do século XIX os pães europeus na China. O crescimento se apoia na internacionalização das transações, amplamente dominado pelas grandes potências que escoam as matérias-primas agrícolas e alimentares. Trigo, milho, soja, café e cacau assumem lugares novos após sua difusão mundial. As exposições universais são um dos meios de promoção de transações, ao menos para expor produtos, como o amendoim do Senegal em 1867. Os colonos também engendram transformações alimentares. A Tunísia, que importava 100 toneladas de chá em 1917, multiplicou por 20 suas compras em 1937.

A despeito de reduções do comércio de produtos agrícolas e alimentícios engendradas pelas guerras do século XX, a crise entreguerras e a estagnação da década de 1980, o período contemporâneo se caracteriza pela intensidade do comércio alimentício. Mas as questões aduaneiras de proteção de interesses nacionais são por vezes fortes, a exemplo das tarifas que os Estados Unidos impõem para reduzir a importação do óleo de palma nigeriano na década de 1930, como fizeram os ingleses contra a Alemanha no fim do século XIX. O livre-comércio impulsionado em meados do século XIX leva ao desejo de baixar as barreiras tarifárias em 1947 (acordo geral sobre as tarifas aduaneiras e o comércio, chamado GATT) e, mais tarde, à implementação da Organização Mundial do Comércio (OMC, 1995) após longos períodos protecionistas. Enquanto o valor do comércio agrícola atingia 148 milhões de dólares na época da Conferência Mundial da Alimentação (1974), ele triplica em 1994. No começo da década de 2010, os produtos agrícolas perfaziam 10% do comércio mundial. O desafio de nutrir o planeta — tema da exposição universal de Milão em 2015 — repousa em parte nas capacidades desses comércios internacionais... ou de sua realocação local.

III – Da tenda aos gigantes da grande distribuição

1. O armazém de produtos alimentícios

Na ponta da cadeia alimentar, a venda aos consumidores experienciou outras mutações, aceleradas a partir do século XX. À época, o armazém de produtos alimentícios, qualificado de tradicional, é pouco conhecido. Contudo, assume uma importância considerável desde então, tanto no campo, onde a mercearia muitas desempenha o papel de comércio mediador semelhante à *country store* americana, como nas cidades, onde a densidade dos estabelecimentos, a reputação e o volume de negócios de alguns comércios mostram sua vitalidade. Para compreendermos sua história de longo prazo, é necessário levar em conta a iconografia que atesta sua existência: cenas de mosaico das vilas romanas, ilustrações medievais, ou narrativas de viajantes que descrevem a arquitetura e os produtos de estabelecimentos de venda de alimentos das ruas de Alepo, de Canton ou de Calcutá.

Para os períodos mais antigos, a arqueologia fornece um aporte importante. Os balcões de alvenaria, nos quais jarros de terracota eram colocados para a venda de alimentos, constituem um quarto dos armazéns descobertos em Pompeia em Herculano. As decorações, adornos em mármore, serviam ao mesmo tempo para proteção e como expressões de apelo publicitário à clientela.

Os arranjos e mobiliários identificados revelam prateleiras e *dolia** de armazenamento. Por vezes, instalações para assar (58% dos comércios a utilizam em Pompéia) levam a pensar que os armazéns serviam tanto como lugares de fornecimento de refeições como de provimento de alimentos. A cidade medieval se desvenda mais facilmente. A antologia de Étienne Boileau, *Le livre des métiers* [O livro das ocupações], indica os corpos profissionais registrados em Paris em 1268. Ele enumera aqueles que vendem matérias-primas, os medidores de mercadorias, os vendedores de bebidas, os *regrattiers* – que revendem comestíveis –, os que preparam as mercadorias. A multiplicação das ocupações alimentícias, alguns dos quais sendo armazéns, engendra muitos novos *status* nos séculos seguintes. Comerciantes de uvas passas, de leite de amêndoas, de pescado, de pão, de banha de carne salgada, de arroz, de açúcar, de queijos são todos enumerados no *Tacuinum sanitatis*, escrito em Bagdá no século XI, reproduzido e ilustrado em vários exemplares de versões traduzidas através da Europa até o século XV. Mais bem estudado na época moderna, o armazém de alimentos é cada vez mais organizado, mas a maior parte deles apresenta uma grande confusão de ocupação de lugares, e seu espaço interfere com a rua de um lado e com o habitat privado do outro. E ele

---

* Forma plural de *dolium*: vaso grande de terracota usado em tempos romanos para armazenagem e transporte de alimentos. [N.T.]

determina a afluência ou a pobreza dos bairros. Sua reputação toma forma através das casas aristocráticas servidas, dos anúncios publicados nos impressos, na capacidade de afirmar a tipicidade de alguns produtos. No século XIX, seu papel é ainda mais marcado em termos de sociabilidade de bairro, uma vez que é cada vez mais dedicado ao abastecimento cotidiano. A densidade de comércios aumenta sob o efeito da urbanização já no século XVIII: em 1769, Lisboa conta com mais de 2.500 armazéns de alimentos, ou seja 55% dos comércios da cidade. Em 1856, Paris conta com mais de 1.500 cremerias, quase 500 pastelarias e charcutarias e, aproximadamente, 2.000 mercearias, que dobraram no fim do século. Em toda a França, contamos mais de 85.000 delas. Esse aumento no número de armazéns de alimentos é um amplo fenômeno europeu que dura até meados do século XX. O armazém se mantém até hoje, tanto como comércio especializado nos centros da cidade na Europa como num papel comercial mais amplo na África.

2. As cooperativas de produção e de consumo

A partir do século XIX, especialmente por volta da década de 1880-1890, formas concorrentes de comércio encontram lugar nas cooperativas de produção e de consumo, cuja inspiração inicial vem dos socialismos utópicos da primeira metade do século XIX. Meio alternativo para constituir solidariedades profissionais, baixar os preços ou afirmar a oposição ao capitalismo, elas desempenham um papel importante na distribuição de alimentos. Surgindo, muitas vezes, para fornecer bens de primeira necessidade em tempos de crise, as padarias e as mercearias experienciam um sucesso real. Os a *wholesale* — atacados — britânicos e as cooperativas agrícolas dinamarquesas são modelos. Em Gante, em 1890, a padaria constitui 40% do volume de negócios do Vooruit. Mais de 3.000 cooperativas de consumo são enumerados na França em 1900 e ao menos 10.500 no mundo. Na Europa, o apogeu do movimento se situa durante o entreguerras. As cooperativas introduzem práticas comerciais novas cujos efeitos são múltiplos. Elas inspiram o autosserviço a partir de 1942 na Inglaterra, e na década seguinte em meio aos merceeiros organizados em cadeia voluntária nos Países Baixos. Na Escócia, o primeiro supermercado abre em 1959 a partir de uma cooperativa.

3. Em direção ao sucursalismo

A principal mutação dos comércios de alimentos emerge nesse período, preparada em grande parte pelo sucursalismo. Empresas como Delhaize na Bélgica, Duncan na Escócia e Casino na França inovam já na segunda metade do século XIX difundindo marcas de produtos, abastecendo suas sucursais com suas próprias fábricas e mudando sua concepção de venda. O primeiro autosserviço americano das Lojas Piggly Wiggly abre em Memphis em 1916, imediatamente antes que os *supermarkets* transformem a concepção de distribuição, especialmente de alimentos, nas duas décadas seguintes. A alteração se dá na Europa após a Segunda Guerra Mundial, primeiro no norte da Europa (Tesco em 1947, Marks & Spencer em 1948 e Migros em 1951), e mais tarde no sul (Esselunga na Itália, em 1957). Os novos tipos de comércio de alimentos participam, em sua medida, de uma influência americana que encontra múltiplas escalas (exportações agrícolas, plano Marshall, missões de produtividade e papel das marcas na década de 1960). Diante dessa expansão capitalista, outras situações prevalecem nos países que mal começavam suas revoluções agrárias (como na Ásia), experimentavam vias políticas radicais mais catastróficas (Grande Salto Adiante, na China) ou haviam estatizado sua economia. O primeiro autosserviço da União Soviética, Universam, abre em São Petersburgo em 1970. O abastecimento permanece semelhante, muito diferente das lojas Beriozla, destinadas aos turistas estrangeiros, onde a carne era abundante.

O hipermercado toma o lugar dos supermercados, caracterizados em seu início pela importância de referências alimentícias, e difere deles por sua localização muitas vezes periférica, sua extensão espacial e sua diversificação. Os gêneros alimentícios são ali distribuídos, ao mesmo tempo intermediário das indústrias de alimentos e reprodução imperfeita dos estandes urbanos. Vindo da Alemanha, onde aparece em 1946 em Essen, o *hard-discount* [preços baixos] populariza ainda mais os produtos alimentícios nas sociedades ocidentais, enquanto os grupos de hipermercados exportam seu modelo para os países em desenvolvimento (Tesco, Walmart, Carrefour). A introdução do comércio *on-line* (e-commerce) na década de 1990 abre novas oportunidades favoráveis de venda, sem substituir o comércio de alimentos de proximidade que mantém a confiança dos consumidores. No começo da década de 1990, a parte do comércio de alimentos representava ainda de 16% (Alemanha) a 38% (Grécia) do varejo.

Capítulo IV
O espaço doméstico, centro das práticas alimentares

Em todo o mundo, o centro da vida social é o lar – "lar" (*foyer*) remetendo ao papel do fogo na preparação dos alimentos dos quais todos os humanos têm uma necessidade vital que os leva de fato... ao lar. A casa (e as outras formas semelhantes de *habitat*), *domus* em latim, reúne os que fazem parte da família, uma entidade de geometria variável, de composição social muito diversa e, em nossa época, em plena transformação no mundo inteiro.

As práticas alimentares são conduzidas às vezes por usos aceitos e codificados, compartilhados e transmitidos entre as gerações que as fazem evoluir no tempo. Elas concernem ao aprovisionamento, à conservação, à transformação (muitas vezes pelo cozimento, donde a *cozinha*) e ao consumo, social ou individual. Nas codificações nutricionais, muitas vezes para evitar doenças, envenenamentos e outras patologias, os médicos desempenharam um papel considerável, especialmente na área mediterrânea e na Ásia Oriental onde nasceram as medicinas mais difundidas, a do grego Hipócrates e a do chinês Shennong. Os usos são consolidados nas estruturas teóricas que associam o que se chamava então os "elementos" (quatro na Grécia, cinco na China) aos órgãos do corpo humano destinados a serem nutridos em rituais determinados pelos sábios da época. Essas correspondências foram transmitidas pela escrita, que permitiu conservar a memória de algumas receitas. As nomenclaturas de vegetais, e depois de animais, a consignação de habilidades para os diferentes cozimentos, e mesmo as contas financeiras que permitiram uma melhor gestão das disponibilidades, todas essas operações concorreram para instituir o corpus de conhecimentos que determinaram e transmitiram usos. Técnicas de conservação definiram algumas grandes práticas como a fermentação, a secagem, o cozimento em água, a fritura, o salgamento etc., que delinearam as áreas culturais com base nos climas locais, nos sucessos (ou fracassos) econômicos, nas sociabilidades que codificaram as regras comportamentais, à mesa ou fora de casa. Enfim, as práticas de consumo foram marcadas pelas escassezes muito frequentes alternadas com períodos de abundância, sobretudo para os países industrializados do norte do planeta, enquanto, em uma maioria dos países do sul, inclusive na América Latina , a precariedade permanece, se não uma realidade, ao menos uma ameaça para um número de habitantes que não cessa de aumentar sobre a Terra.

I – Alimentos crus, alimentos cozidos

Claude Lévi-Strauss escreveu linhas que marcaram a segunda metade do século XX, determinando como um mantra a oposição entre o cru e o cozido, o primeiro representando a natureza e o selvagem, e o segundo, a cultura. Em *Mythologiques* [Mitológicas], as três categorias empíricas "operatórias" em todas as culturas eram figuradas nos três vértices de um triângulo caracterizados pelas categorias fundamentais do cru, do cozido e do podre. O cru se opõe às duas outras categorias na medida em que não é elaborado; o cozido resulta de uma elaboração cultural; o podre, de uma elaboração natural. Philippe Descola, em *Par-delà nature et culture* [Para além da natureza e da cultura], questionou amplamente essas categorias. Com certeza, os primeiros ancestrais dos humanos, há dois milhões de anos, vivem em simbiose com as árvores, alimentando-se de frutas e insetos ingeridos crus. Se o vínculo entre a secagem da África há três milhões de anos e a mudança de alimentos se confirma, os frutos fermentados entram na alimentação pela mutação genética que permite metabolizar mais rapidamente o etanol, propiciando uma digestão mais fácil. No fim da era terciária, os hominídeos compartilham seus conhecimentos sobre suas coletas de frutas, pequenos animais ou despojos. O nomadismo está ligado à busca por alimentos, especialmente os tubérculos, as plantas e os insetos. Com o avanço do deserto na África, as populações se agrupam e comem folhas e frutas, ovos e insetos, todos crus. Mais tarde, o *homo habilis* (2,3 milhões de anos na Etiópia) se torna omnívoro graças aos instrumentos dos quais dispõe, incluindo para a pesca. O *homo ergaster* e o *homo erectus*, fisicamente mais desenvolvidos, utilizam o fogo sem serem capazes de produzi-lo, espalham-se na Ásia e variam seu regime alimentar, especialmente durante os períodos glaciais na Europa com uma alimentação à base de carne. Na China, as primeiras conotações culturais do cru (*shèn*) e do cozido (*shù*) mostram uma integração precoce do papel do fogo (*yang*). A culinária faz parte das ferramentas para preservar a saúde, ela mesma resultado harmonioso do uso civilizado da medicina. As explorações das cavernas de Zhoukoudian mostram que o homem de Pequim, aproximadamente em 500000 a.C., possuía o fogo e que os chineses cozinhavam seu alimento sob a forma de ensopado, de assado e no vapor (sobre as cinzas).

A domesticação do fogo muda não somente os gostos, mas aumenta a variedade alimentar, especialmente porque o cozimento elimina os germes e as bactérias. A sedentarização pontual, na Ásia como na Europa, onde o neandertal caça ativamente, e mais tarde o aumento das necessidades do *homo sapiens* (cerca de 300.000), leva ao desenvolvimento do omnivorismo, o que permite explicar a manutenção do gosto pelo cru em algumas zonas nas quais a caça com armadilhas, e mesmo com propulsor, é ativa. Dela resta, em nossa época, vários milênios depois, uma apetência jamais negada pelo cru (moluscos, tártaros, carpaccio, saladas, compotas cruas etc.) com um consumo mais importante nos países ricos onde é maior o número de instalações domésticas para conservar os alimentos e combinar diferentes culinárias do mundo. Podemos assinalar casos particulares como o dos massais no Quênia que bebem o sangue diretamente do animal vivo do qual se corta uma veia, o que representa uma das formas extremas dessa tentativa de apropriação da força animal. Hoje, o desenvolvimento do crudivorismo e a difusão das cadeias de frio permitem multiplicar os pratos crus (sushis, sashimis, sanduíches etc.) sem temer as intoxicações.

II – A evolução dos modos de cozimento no forno

Antes do cozimento, é provável que os humanos tenham descoberto a carne cozida após incêndios de savanas terem apanhado animais no fogo. As primeiras refeições analisadas pelo assiriólogo Jean Bottéro na Mesopotâmia atestam a presença de utensílios afiados, de pedra ou de ferro, tigelas de cozimento de terra e de metal, de fornos para cozinhar pão no tempo do rei Assurnasirpal II, em Nineve, cerca de 1700 antes de nossa era. As primeiras receitas, que mostram modos de cozimento combinadas, misturando escaldamento, espeto, grelha, cinzas e o uso do forno, datam dos latinos em torno de Apício, que viveram do século I a.C. ao século III d.C. Na área chinesa, os fornos foram muito cedo criados com importantes utensílios de cozinha. Com a metalurgia, eles foram transformados em fogões muito antes de seu uso na Europa no século XVIII. A difusão dos fogões permitiu a eliminação das chaminés e o desenvolvimento graças ao forno de uma cozinha luxuosa que seria coroada no século XIX pelo desenvolvimento excepcional da pastelaria.

De uma maneira geral, três tipos de cozimento são enumerados na história. O primeiro, por concentração, submete um alimento a um calor intenso que coagula de maneira superficial as proteínas e provoca uma caramelização dos glicídios; o segundo, por expansão, é feito em um líquido; e o terceiro combina os dois. Quanto aos modos de cozimento, estavam ligados à difusão das técnicas: quer sejam fervidos e escaldados, fritos, feitos na frigideira, refogados, cozidos em fogo lento, salteados, grelhados e assados, os alimentos cozidos no forno concentraram uma grande carga de trabalho que faz das cozinhas um dos centros da vida social em todo o mundo, exceto na África subsaariana.

III – Os refinamentos culinários

Os poderosos não comem como os camponeses. Na história, a cozinha foi associada a jogos de poder na medida em que necessita do acesso a aprovisionamentos, a utensílios que permitem a conservação e a transformação, e a conhecimentos para cozinhar. A ostentação reservada aos príncipes testemunha mesas coletivas vistas como instrumentos de dominação. A apresentação dos convivas reunidos de modo que todos estejam visíveis e as precedências sociais: tudo leva a refinamentos que excitaram a imaginação de cozinheiros, a criatividade de artesãos na confecção de pratos e sua apresentação durante as refeições. Mas o refinamento também pode ser o feito de simples cozinheiros, como atestam algumas cozinhas na Europa, no Japão ou no Peru e no México, onde alguns pratos atingiram graus muito elevados de refinamento.

Contudo, as cortes reais organizam muitas vezes as recepções destinadas a exibir o poder, especialmente quanto a comunicação não era escrita e que as mídias de massa não existiam. A cultura do banquete e do vinho nos impérios do Oriente Médio é uma das mais bem documentadas. O episódio célebre de uma festa celebrando a reconstrução da cidade de Kalah perto de Nineve em 879 a.C., onde 70.000 convivas banquetearam durante dez dias com pratos suntuosos, é conhecido. Em Persépolis, no tempo de Ciro, no Egito, em Roma e na Idade Média europeia e nos impérios mongóis, muito antes da grande gastronomia curial francesa, o refinamento podia atingir picos. Era vivido como uma celebração da grandeza do poder do príncipe, muitas vezes associado a um evento do calendário ou a uma vitória militar. No século XIX, os refinamentos atingem níveis desiguais na pastelaria graças, por exemplo, ao gênio de um Antonin Carême, que devia exibir seus talentos além de nossas fronteiras. Na China, os imperadores muitas vezes — mas não automaticamente — exigiam um nível de refinamento nas escolhas de ingredientes, nos cozimentos e nos serviços do qual restam os testemunhos nos restaurantes de alta qualidade de hoje, inclusive nos países vizinhos como Coreia, Tailândia e Japão, que fizeram da cozinha uma arte.

Esses refinamentos foram acompanhados de um discurso formalizado como o da "gastronomia" no começo do século XIX na França, que mais tarde se expandiu. Ele permitiu pensar a cozinha como proveniente da arte e, sob esse aspecto, ingressar no patrimônio imaterial que a Unesco formalizou a partir de 2000.

IV – Comer dentro, comer fora

Embora os fornos domésticos sejam, muitas vezes por razões ligadas aos rigores do clima, instalados nos interiores, os humanos não cessaram de se alimentar tanto fora quanto dentro. Dentro, come-se muitas vezes na cozinha, tanto no passado como hoje. É somente a partir do século XIX que a Europa funcionalizou os cômodos dos apartamentos, destinando uma sala especial na qual *comer*. Essa, por vezes, desapareceu na área cultural norte-americana, que difundiu no século XX a prática de cozinhas abertas para a sala de estar. O mobiliário difere conforme as regiões, as mesas podem ser baixas em torno de canapés na Ásia como no Magrebe, mais altas no mundo camponês e burguês da Europa, e mesmo reproduzindo os bares onde as pessoas se aconchegam, como nos salões comuns das cervejarias inglesas e dos *saloons* americanos.

Nos tempos distantes da pré-história, as imagens populares mostram fogos diante das cavernas e trogloditas, que se conserva até a tradição de churrascos nos jardins privados. Comer fora permite cozer animais de grande porte, para cerimônias sacrificiais ou familiares, mas também convites cujo número pode atingir muitos milhares, tanto que, nesse caso, chegamos a uma das funções simbólicas das refeições que podem ser associadas ao poder.

No Cáucaso, Magrebe e em toda a área mediterrânea onde os banquetes ocorrem ao ar livre quando o clima permite, assim como no Ocidente onde os piqueniques se desenvolveram a partir do século XIX com a urbanização, comer fora é mais um assunto privado que público. Os churrascos — muito em voga na residência individual na América do Norte e na Austrália — remetem às práticas do pós-caça dos caçadores e indígenas. Eles são difundidos na Europa onde uma parte do jardim é dedicada, com o terraço, a refeições mais descontraídas que aquelas que ocorrem em torno de uma mesa.

Na maior parte do tempo, comer fora corresponde a uma necessidade biológica. Além de restaurantes e outras cantinas (ver cap. 4), as sociedades instauram dispositivos para satisfazer essa necessidade de um momento para comer onde quer que seja, quando se desejar. Como, na maior parte do tempo, só existia uma refeição principal por dia, em torno do forno, ao longo da história alimentos eram escolhidos para serem condicionados e transportados, ou servidos na rua: queijos, fiambres, frutas secas embaladas com todos os novos acondicionamentos possíveis da indústria agroalimentícia no último século, da madeira e ao ferro, vidro, papel e outros materiais sintéticos (plásticos, poliestirenos, embalagens sob atmosfera modificada etc.). Nem todos os alimentos podem ser transportados, mas muitos são consumidos sobre um mobiliário sumário na rua ou em outros espaços públicos, como parques, nos meios de transporte (trens, aviões, automóveis) e nos espaços de lazer, mais ou menos improvisados, uma prática da qual as marmitas dos trabalhadores como os bentôs japoneses puderam servir de modelos.

As sociedades que valorizaram o vinho ou o compartilhamento de bebidas alcoólicas — como foi o caso em muitas regiões do mundo, especialmente na área asiática que pratica o brinde dirigido aos convivas — enriqueceram as práticas à mesa ou em grupo. Elas levaram a unir aos ritos bebidas de festa ou de sociabilidade (vinhos, álcoois) assim como alimentos fáceis de compartilhar, encorajando desse modo as maneiras de comer que podem, por vezes, ser repatriadas na célula familiar. Sob esse aspecto, o turismo desempenha um papel de contrabandista entre as diferentes civilizações culinárias, fazendo migrar pratos que são, em suas novas pátrias de adoção, revisitados e preparados ao gosto local. Assim se explica, em parte, o sucesso da cozinha mediterrânea e sua difusão, pelo fato de a bacia mediterrânea ser uma das primeiras zonas turísticas do mundo.

V – O gênero à mesa

Os estudos de gênero expuseram, após o início do ano 2000, novos determinantes nas escolhas alimentares além daqueles que já se conhece pelo tempo, espaço, herança cultural, tradições familiares e sociais. O estudo do *pensamento mágico* desenvolvido pelos antropólogos Edward Tylor e James Frazer no fim do século XIX mostrou como a ingestão de alimentos passa pela atribuição de virtudes, dando, por exemplo, propriedades emagrecedoras aos produtos leves. No Ocidente, um vínculo é estabelecido entre a carne, as proteínas e a força física, ou ainda entre os cereais e a energia, o suco de laranja e a vitalidade, os iogurtes e a saúde. Assim, as escolhas alimentares são guiadas por categorias que hierarquizam o masculino e o feminino que são confirmadas por preferências sexuais: às mulheres as aves, os produtos lácteos, as frutas em calda, as sopas; aos homens, as carnes vermelhas e os fiambres, os produtos cereais, as bebidas alcoólicas. Os gostos não são inatos, mas no que diz respeito aos estereótipos de gênero, eles podem ser rastreados às teorias de Hipócrates classificando as mulheres do lado das qualidades "úmidas" e "frias", e os homens do lado do "calor" e do "seco".

A nutricionalização e a magreza normativa impostas às mulheres foram teorizadas na época vitoriana com os manuais de boas maneiras – e especialmente de restrições exigidas às mulheres – difundidas a partir da Inglaterra e dos Estados Unidos. Fazendo as mulheres saírem das cozinhas para os escritórios em que os empregos são assalariados, os higienistas e as feministas deixaram espaço livre para que a indústria e a medicina governassem as práticas alimentares. A industrialização e a publicidade fizeram o resto, criando com o marketing imagens alinhadas à injunção de consumir sempre mais, para os bons negócios das empresas. Hoje, estão em curso estudos para desconstruir estereótipos de gênero e garantir a inúmeras mulheres no mundo um acesso de qualidade aos alimentos.

Contudo, a proximidade física entre as mães e seus filhos induz tipos de transmissão que são recorrentes em todas as civilizações e, *a fortiori*, na história quando não existia alternativa à cozinha familiar. Esse vínculo ainda existe, especialmente nos países onde as mulheres e as crianças são pobres. Mas é valorizado nas civilizações da Ásia e da Europa latina onde as famílias de estirpe, conforme a nomenclatura de Frédéric Le Play, amam transmitir práticas consideradas identitárias. Na França, Alsácia e no País Basco, que com o turismo desenvolveram uma cozinha marcada pelo regionalismo, dão exemplos convincentes de transmissão vindas em grande parte das mulheres e das mães, memórias vivas das cozinhas domésticas.

Capítulo V
Alimentar-se fora de casa

I – A alimentação coletiva

1. As coletividades

Uma das origens do fornecimento de refeições fora de casa vem do atendimento às coletividades. Essas envolvem volumes importantes de consumo alimentar, e o fornecimento de refeições destinado a elas pode se definir, por um lado, pelas preparações em cozinha e, por outro lado, pelo tipo de coletividade servida. Desde a Antiguidade, as guarnições gregas e romanas engendraram fornecimento de refeições coletivas. As hospedarias medievais foram outra de suas formas. As mobilidades engendraram suas próprias necessidades em cada modo de transporte. A alimentação nos lugares de trabalho é afirmada a partir do século XIX e hoje em grande parte procede do autosserviço. Desde a criação, em 1954, na Inglaterra, do conceito de ticket-restaurante, os assalariados podem se beneficiar de um suporte às suas refeições, a menos que seja organizado um fornecimento de refeições no local. Nenhum desses fornecimentos de refeições coletivas é destituído de símbolo: o álcool do soldado, a chegada da sopa nos refeitórios e o carrinho das cantinas não têm nacionalidade.

2. Os exércitos

A alimentação dos exércitos é um problema que apresenta em todas as épocas restrições logísticas complexas. As legiões romanas transportam suas próprias rações, a fim de se manter ao menos por 17 dias, e os comboios circulam com suas reservas de grãos. Vários sítios arqueológicos revelam o consumo de carnes e moluscos pelos exércitos romanos que atravessavam a Europa. A partir de tratados de agronomia e de provas arqueológicas, a ração diária pode ser estimada em 3.000 calorias. De uma maneira geral, munir os soldados de pão era o indispensável. A primeira ordenança que impôs na França o "pão de munição" data de 1588. A fiabilidade dos provedores dos exércitos permanece um problema irresolvido até o século XIX. A alimentação implementada em grandes escalas engendra inovações circunstanciais na estrutura militar. Elas incidem sobre o regime nutricional dos soldados, mais fácil de monitorar em grande número, bem como sobre adaptações técnicas ligadas aos recursos que fazem do exército um laboratório experimental, particularmente em tempos de guerra. O pão KK (*Kriegskartoffelbrot*) do combatente alemão da Primeira Guerra Mundial misturava 30% de batatas e farinhas de substituição à base de palha ou de farelo. A maioria das rações dos soldados britânicos desde a guerra dos Boers até a Segunda Guerra Mundial compreendia o *bully beef* e, usado na marinha a partir do século XVII, o biscoito cracker. O exército serviu de intermediário na expansão de conservas. As necessidades coletivas dos exércitos não são destituídas de consequência para os recursos locais, pilhados, espoliados ou destruídos pela passagem das tropas, nem sobre o custo dos alimentos. O problema é permanente na Idade Média, tanto na Europa como na Ásia central. As gravuras de Jacques Callot ainda testemunham devastações cometidas em Lorraine em 1633. Os racionamentos e o mercado negro marcaram as mentes dos contemporâneos da Segunda Guerra Mundial.

3. As comunidades religiosas e as hospedarias

Outros fornecimentos de refeições coletivas tomaram forma nos estabelecimentos sedentários que agrupam comunidades mais ou menos numerosas. Em função de regras observadas, uma economia alimentar se instaurou nos monastérios a partir do século X, que conecta a produção autárquica de mercadorias, a transformação de matérias-primas e as refeições da comunidade até o acolhimento de peregrinos. As hospedarias medievais introduziram um fornecimento de refeições para doentes que repousa em uma evolução das dietas e na afirmação progressiva de exigências médicas, como uma consideração mais específica do doente a partir da década de 1970.

4. Os estabelecimentos escolares

Os estabelecimentos escolares apresentaram problemas similares a partir do século XIX. Quando os estudantes não podiam retornar a seu domicílio e seu aporte nutricional pessoal era insuficiente, foi necessário conceber o suporte de um fornecimento de refeições de cantina. Isso já ocorria nos pensionários do Antigo Regime, de cuja alimentação temos algumas informações. O discurso recorrente sobre a insuficiência e a deficiência da alimentação servida aos escolares, quer estivessem alojados nas casas dos locais, quer residindo na casa de professores ou em internato, é atenuada pelo estudo dos registros de contabilidade das universidades, o que não fornece, no entanto, o tamanho das porções. Alimentar os alunos se tornou uma necessidade quando a escola foi instituída como uma obrigação. A extensão das comunidades educativas fez disso um problema econômico delegado a sociedades de fornecimento de refeições que prestam serviços tanto aos estabelecimentos escolares quanto às cantinas de empresas. Trata-se de um grande mercado no mundo, incluindo milhões de pessoas que recebem uma ração, da escola primária aos estabelecimentos de ensino superior. Mas uma desigualdade considerável separa os escolares dos países mais desenvolvidos daqueles dos países mais pobres.

5. O meio carcerário

Não escapam dessa organização de refeições coletivas os serviços aos prisioneiros em celas ou àqueles reunidos em salas vigiadas. Mas o termo "fornecimento de refeições" deve ser empregado com circunspecção. A mesa de prisioneiros pode os nutrir, com certeza, mas a qualidade nutricional varia. A experiência da fome é uma realidade cruel não ignorada pelos prisioneiros isolados nos calabouços das monarquias absolutistas, nem os condenados maltratados, nem os presos dos campos de concentração no século XX. A sorte alimentar dos escravizados das lavouras, submetidos às vontades dos colonos nos séculos XVIII e XIX, dificilmente se afasta da estrutura do trabalho forçado.

6. Alimentar-se nos transportes

Os transportes suscitaram um fornecimento de refeições fora de casa mais específica na medida em que a variedade das clientelas e a liberdade de uso criaram condições comerciais muito particulares. Mas o serviço alimentar de mobilidade não foi inventado pelo fornecimento de refeições para os trens. Os hotéis estabelecidos nos santuários gregos a partir do século V a.C., as hospedarias monásticas do século XI, as estalagens de posta no século XVIII já davam conta dessa demanda. Mas a ferrovia criou novas formas de fornecimento de refeições no movimento da viagem e não mais no local da partida. Implementada nos Estados Unidos sob a égide do empresário Pullman na década de 1860, a atividade de refeições nos trens teve início com a criação por Georges Nagelmackers de um serviço luxuoso na companhia internacional de vagões-leitos. Os viajantes do Orient-Express foram os primeiros a se beneficiar deles em 1883. A expansão da viagem ferroviária e a democratização de sua clientela estimularam a definição de novas formas de fornecimento de refeições. A introdução dos vagões-bares, o serviço de cabine e a venda ambulante são difundidos em todos os trens do mundo com padrões gastronômicos variáveis. Necessidades similares diziam respeito aos transatlânticos, tanto os que circulavam no espaço atlântico no século XIX como os de linhas regulares rumo ao Oriente e, antes deles, os marítimos de todas as navegações comerciais ou de guerra. A diversidade de condições se traduzia nos níveis de fornecimento de refeições. De um lado, a água do mar e as rações de carne fervida dos emigrantes mais pobres embarcados em Havre na década de 1890. Do outro, a mesa do transatlântico Normandie que oferece aos mais ricos os crepes Suzette na década de 1930. O fornecimento de refeições dos passageiros de cruzeiros se tornou um mercado muito lucrativo e muitas vezes apresentado como um trunfo da navegação. As companhias aéreas responderam às mesmas questões do fornecimento de refeições aos passageiros, com as mesmas respostas a partir da década de 1950, oferecendo o luxo e a elegância de apresentações reservadas a clientelas afortunadas, e fórmulas alimentares modestas calculadas o mais próximo de uma rentabilidade de baixo custo quando a democratização das viagens aéreas teve início na década de 1990.

Acumulando concessões nos transportes, *catering* aéreo e restaurantes rodoviários, além da incumbência do fornecimento de refeições coletivas em universos muito diferentes — dos canteiros de obras públicas aos refeitórios de administrações públicas —, algumas sociedades se tornaram estabelecimentos multinacionais que operam no mundo inteiro. O grupo britânico Compass, um dos mais antigos, criado em 1941, operava em 2008 em 70 países. O francês Sodexo, constituído em 1966, está presente em 80 países. Várias sociedades norte-americanas e japonesas estão entre as líderes do fornecimento de refeições coletivas. Em 2018, somente no caso francês, mais de um milhão de refeições eram servidas em fornecimento de refeições coletivas.

II – Restaurantes e cozinhas do mundo

1. Os estabelecimentos de fornecimento de refeições comerciais

Os estabelecimentos comerciais constituem outro grupo do fornecimento de refeições fora de casa cujas origens se inscrevem igualmente em uma longa história. Em Pompeia e em Herculano, os balcões foram identificados como estabelecimentos para comer e beber. Alguns eram munidos de uma mesa de cozimento, outros apresentavam uma estrutura entre o restaurante e a loja de bebidas. Os clientes podiam consumir de pé no balcão, sentados em um banco de alvenaria ou, talvez, deitados, mas as fontes literárias e os vestígios arqueológicos não permitem confirmar esse último caso. Em Roma, as *tabernae* (loja de bebidas) e as *popinae* (tabernas) davam conta das necessidades das pessoas de manterem o calor de variados alimentos. Representações raras mostram as salas populares de onde pendem salsichas simples, mas a gastronomia não era excluída das *popinae* conforme os *Epigramas* de Marcial. A refeição compartilhada que se afirma no centro da vida coletiva durante a Antiguidade tardia encontra um lugar privilegiado nas tabernas, cabarés e albergues na Idade Média. A distinção de um estabelecimento ao outro não é simples. A multiplicação de estabelecimentos nos portos das cidades e nas comunidades que se formam com as atividades comerciais, ou nos cruzamentos dos caminhos dos peregrinos detalham uma função perene na Europa. Os porões, que estocam os tonéis, e as mesas cercadas de consumidores com tigelas são figurados até nas cantoneiras de residências urbanas de madeira. Alguns estabelecimentos dispõem de um espaço estendido junto aos estábulos, necessários para acolher os viajantes, e de entrepostos para dispor reservas próprias para a mesa dos hóspedes. Na China, no início do século XIV, os armazéns de massas entregam diferentes alimentos. À diversidade das estruturas corresponde a variedade de alimentos servidos. No século XVIII, a osteria italiana serve pão, queijos e fiambres, carnes curadas e conservas, preparadas com sal ou vinagre. Os clientes encontram aí vinho em jarros, salsichas grandes feitas a partir do porco nutrido com restos do albergue e pimentas em compotas. A trattoria se aproxima mais de um restaurante com uma cozinha feita de pratos locais, determinados pelas estações. Todas as cidades europeias oferecem na época moderna um número crescente de estabelecimentos, e os albergues se multiplicam no campo, como testemunha a pintura de cenas cotidianas, de Flandres à Espanha. Mantidos por estalajadeiros apreciados por suas preparações culinárias ou reduzidos ao serviço em horário estipulado de uma refeição única servida em uma sala comum, esses lugares de fornecimento de refeições prefiguram a inovação do restaurante.

2. A aparição do restaurante

O termo "restaurante" corresponde a duas evoluções que permitem determinar sua cronologia no Ocidente. A primeira se refere à oferta comercial de refeições leves e concebidas para uma dieta mais saudável, a partir da década de 1760. Ela se destina, principalmente, aos meios aristocráticos e toma forma na década de 1770. Progressivamente, esse "restaurante", que deve no sentido literal "restaurar a saúde", diversifica os tipos de pratos, e alguns se tornam célebres em torno do Palais-Royal em Paris. A segunda resulta na França da cesura revolucionária, que fecha os hotéis nobres e dispersa o pessoal de serviço, dentre os quais os cozinheiros. São esses últimos que empreendem a criação de estabelecimentos onde se serve comida e bebida, a clientes sentados à mesa fora de suas casas. A partir do fim do século XVIII, o modelo se difunde na Europa para a Alemanha e a Polônia. A moda gastronômica se estabelece durante o primeiro terço do século XIX. A oferta de fornecimento de refeições segue a urbanização e a evolução dos modos de vida. Durante o século XIX, ela se amplia e se separa em múltiplas categorias de lugares de fornecimento de refeições, hierarquizados pelo gosto, pelo serviço e, sobretudo, pelos preços. Paris conta com milhares de restaurantes na década de 1830. Bruxelas passa de 130 em 1880 para 332 em 1910, mas é necessário também contar nessa data 1.440 cafés-cervejarias e 470 cafés-restaurantes segundo uma fina demarcação alimentar e social. O modelo se difunde tanto nos Estados Unidos quanto nas metrópoles asiáticas, essas também habituadas à diversidade dos lugares de fornecimento de refeições.

A multiplicação de estabelecimentos no mundo favoreceu a dispersão de cozinhas muito antes que a globalização contemporânea dos gostos se encarregasse disso. As transações culinárias se inscrevem nos movimentos migratórios, uma vez que inúmeros migrantes encontram no setor alimentar ao mesmo tempo um emprego, uma remuneração e o meio de valorizar sua cultura propondo-a sob a forma de alimento. O primeiro restaurante chinês na Europa abre em Londres em 1908. O *Chang Choy's* se estabelece no número 6 da rua Glasshouse, próximo de Picadilly. Antes da Primeira Guerra Mundial, 8% dos restaurantes de Bruxelas têm denominações estrangeiras. A cozinha cantonesa se difunde na Europa durante o entreguerras, abastecida com especiarias nos portos. Anvers, Amsterdã, Hamburgo e Londres se tornam portos de entrada de alimentos orientais.

Mas, no sentido inverso, as cozinhas europeias seguem os colonos e migrantes e operam mestiçagens alimentares sobre outros continentes. O hamburger, vindo de Hamburgo, é um exemplo disso.

3. A difusão dos gostos

A globalização dos gostos herda hoje práticas que já existiam entre os viajantes e os citadinos dos séculos precedentes. A partir de meados do século XX, dois movimentos de difusão das cozinhas estrangeiras transformaram o fornecimento de refeições. As descolonizações e a intensificação de fluxos migratórios, engendradas pelas guerras ou pela busca de trabalho e de outras condições de existência, ampliaram os tipos de cozinha. Assim, os restaurantes mantidos por sino-vietnamitas se multiplicam na França após a descolonização da Indonésia. Na década de 1990, a comunidade chinesa estimava seu número em mais de 1.500 na França. As cozinhas indianas se difundem em toda Londres, que contava na década de 1960 com mais de 300 restaurantes de "curry" e mais de 200 restaurantes chineses. A apropriação ocidental de gostos exóticos se integra progressivamente à evolução das gastronomias. No fim da década de 1960, 6% dos restaurantes estrangeiros em Paris nos guias gastronômicos eram chineses ou indonésios, passando a 45% em 1988. No início do século XXI, Londres conta com mais de 9.000 restaurantes indianos.

4. *Os* fast-foods

O crescimento fenomenal dos *fast-foods* é outra dinâmica. No país onde nasceram durante a década de 1950, os Estados Unidos, herdeiros do conceito de *drive-in restaurant* da década de 1930, os estabelecimentos de fornecimento rápido de refeições eram mais de 225.000 no começo do século XXI, entregando 73% de seus produtos para levar, dos quais só o hambúrguer constituía a metade deles. Na origem, o *hot dog* era o verdadeiro produto de fornecimento rápido de refeições. Progressivamente, as refeições servidas passaram a ser os tacos e depois para a pizza. Além do McDonald's (1955), Burger King (1954) e KFC (1952), mundialmente conhecidos, outras cadeias do mesmo modelo econômico conquistaram progressivamente uma rápida notoriedade. A Starbucks, fundada em 1971, que quadruplicou seus pontos de venda no mundo durante os últimos vinte anos, e a Subway, criada cinco anos antes, que em 2008 contava com duas vezes mais estabelecimentos que o McDonald's nos Estados Unidos, são exemplos que se firmaram. Em um mercado mundial sempre ascendente, os tipos de cozinha são igualmente diversificados. Nos Estados Unidos, ainda que 62% dos estabelecimentos sirvam o registro norte-americano, 19% propõem uma cozinha dita mediterrânea; 7%, mexicana; 3%, japonesa. Pobres em termos nutricionais, considerados responsáveis por patologias de risco, os alimentos de *fast-food* não deixaram de conquistar cada vez mais públicos na África e na Ásia.

III – Comer em movimento

Às diferentes formas de circulações cotidianas correspondeu uma grande diversidade de opções de alimentação. A *street food* (comida de rua), que é apresentada como uma inovação nos hábitos urbanos contemporâneos, insere-se, de fato, em uma longa sucessão de práticas alimentares. Os vendedores de rua abriram inúmeras opções de alimentação, seja se deslocando em busca de sua clientela, que podia consumir no local ou levar seus alimentos, seja tendo um estande efêmero em lugares determinados e em pontos estratégicos de circulação.

Presentes na China imperial, no espaço muçulmano e nas ruas das cidades andinas, diferentes categorias de comerciantes forneciam a subsistência de populações pobres. A nuance regional vem somente dos tipos de alimento proposto, pois a forma do comércio é similar. Os papelotes guarnecidos de carnes ou ragus (tamales) praticados pelos astecas não são muito diferentes em sua concepção das porções de arroz cozido, grãos-de-bico, espetinhos de cordeiro, sorvetes e melancias vendidas nas ruas da Constantinopla otomana, onde as vendas são regulamentadas a partir do século XVI. Os comerciantes empregam estratégias comerciais. Na Idade Média, as mercadorias são criadas nas ruas para os vendedores ambulantes. Eles permanecem os atores e, sobretudo, atrizes, urbanos essenciais da época moderna, pois a preponderância de vendedoras de alimentos é frequente, tanto em Nuremberg quanto em Genebra no século XVII. No começo do século XIX, as representações imaginadas desses comércios ambulantes ainda são numerosas. O pintor Carle Vernet as capturou em toda sua diversidade, do comerciante de bolos à comerciante de salsichas, da comerciante de buquês de cereja ao comerciante de queijos de Maroilles. Em Londres, em 1850, são ao menos 40.000 nas ruas vendendo todos os tipos de produtos, a exemplo das vendedoras irlandeses de laranjas. Na Grã-Bretanha, em 1910, é dos 25.000 comerciantes de *fish and chips* (peixe com batatas fritas) que a população trabalhadora compra uma parte de sua alimentação. Os viajantes que vão à China no final do século XIX constatam que em função da origem geográfica dos vendedores, os gêneros alimentícios oferecidos variam tanto quanto as formas de vender ou interpelar o cliente com instrumentos de música especiais. O transportador de sopa é uma figura recorrente das imagens orientais. Na Surabaya javanesa da década de 1880, a rua é povoada de vendedores de alimentos: vindos do campo com suas aves, comerciantes madureses de satay, vendedores chineses que oferecem em cozinhas ambulantes o *bami* (massas amarelas, carne picada e soja), o *capcai* (mistura de legumes e carne), a *soto kodok* (sopa de rãs). É a mesma coisa nas ruas de Teerã, onde são vendidos espetinhos de fígado de cordeiro, ameixas verdes, pacotes com vinte nozes descascadas. Hoje, o comércio ambulante permanece uma oferta alimentar essencial em várias áreas culturais: o *hot dog* americano, o *takoyaki*de em Tóquio, o *currywurst* berlinense, o *kebab* de todas as cidades. Esses alimentos de rua engendraram a inovação de recipientes para facilitar seu consumo móvel. A comida para levar ou *takeaway* utiliza o cone, a caixa de papelão, a embalagem a vácuo, a embalagem vegetal. Os comerciantes também adaptaram sua oferta comercial se alinhando ao fracionamento dos *convenience food* (alimentos pré-preparados). Como a vendedora de pamonha embrulha seus bolos de milho em folhas da mesma planta em La Paz; com o vendedor oferece em La Réunion, o pote com trinta pedaços de "bichique" ou "berinjela".

Escolhidas pelo preço baixo, ou pelas necessidades nutricionais durante o dia, ou ainda por desejo de descobertas culinárias, os alimentos de rua engendraram um comércio menos efêmero. Os comerciantes ambulantes são por vezes sedentarizados. As tendas de batatas fritas implantadas nos grandes espaços das cidades belgas sucederam às carrocinhas estacionadas diante das saídas de usinas no século XIX. Os caminhões de pizza substituíram vendedores de rua napolitanos e as primeiras iniciativas marselhesas após a década de 1960. Cozinhas rolantes se encontram tanto nas ruas de metrópoles asiáticas como nas grandes artérias de cidades americanas. A vendedora de *fayniarki* da Cracóvia e o vendedor de castanhas num cruzamento parisiense não são muito diferentes da comerciante de cade (especialidade à base de grão-de-bico) das ruas de Toulouse no século XIX.

De um modo mais geral, a ascensão dos *food trucks* (caminhões de comida) impôs esse comércio ambulante no espaço urbano contemporâneo. Suas origens americanas são múltiplas, da carroça nas trilhas do Velho Oeste aos estandes de abastecimento nos bairros industriais. Popularizado em Nova York e em Montreal, o *food truck* se expandiu no mundo, aliando inovação gustativa e pretensões culinárias às referências diversas, entre produto local, bio, cultura vegana e "*homemade*" (feito em casa). A especialidade de cada um o distingue em um mercado aleatório. Os guias contam com vários milhares deles na Europa, espalhados por toda parte, de zonas empresariais aos bufês de casamento. Em São Paulo, onde os *food trucks* apareceram depois de 2013 em uma oferta alimentar que enumera mais de 50 tradições culinárias, ao menos 200 se estabeleceram em 2016. Eles se integram ao meio milhão de comerciantes ambulantes que encontram seu lugar na economia brasileira para esse comércio alimentar de rua.

A comida de rua corresponde a definições precisas, estabelecidas em Jacarta em 1986 pela Organização das Nações Unidas para a Alimentação e a Agricultura (FAO em inglês). A Organização Mundial da Alimentação realizou, para esse fim, um conjunto de reuniões e conferências sobre o setor informal da alimentação de rua durante duas décadas, 1980-1990. Elas indicam que se trata da venda de pratos, alimentos e bebidas na rua por comerciantes que detêm equipamentos exteriores. A definição das condições do comércio bem como a imposição aos vendedores de normas sanitárias mais rigorosas indica o lugar que ocupa essa economia alimentar de rua, muitas vezes subestimada. No final da década de 1980, a Organização Internacional do Trabalho estimava que esses empregos representavam um terço da população urbana na América Latina. Nas Filipinas, a quase totalidade dos comércios alimentares ambulantes são mantidos por mulheres no fim do século XX; elas representam 55% dos casos em Brazaville, mas 81% em Abidjan e 94% em Accra. Por práticas e nutritivas que sejam, uma vez que são muitas vezes o meio menos caro de dispor de uma ração alimentar equilibrada nas populações pobres, as cozinhas de rua são também vetores de desequilíbrios alimentares e de doenças ligadas à higiene insuficiente desses pontos de venda. Pesquisas da década de 1990 mostram, por exemplo, os riscos do consumo de uma água não potável, em 47% dos casos em Calcutá, ou os efeitos sobre a obesidade nos Estados Unidos. A ambivalência existe entre a valorização de uma cozinha popular e a estigmatização de uma cozinha de rua insalubre. São questões destacadas em Salvador, na Bahia, onde a *baiana do acarajé* foi inscrita no patrimônio alimentar brasileiro em 2004, assim como no México, cuja cozinha foi reconhecida como patrimônio pela Unesco em 2010.

A necessidade de se consumir alimentos fora de casa ultrapassa de fato a estrutura dos alimentos comprados na rua, suscitando adaptações práticas como comportamentos sociais distintos em circunstâncias diversas. A mobilidade nômade constituiu uma experiência durável. Os fulanis, assim, se adaptam à sua transumância por meio do consumo de produtos lácteos dos rebanhos que deslocam. As caravanas beduínas praticaram outras experiências entre os oásis. As tribos turcas que vivem na Ásia central no século XI criam um verdadeiro repertório culinário a partir de preparações fáceis de transportar, como o pão *etmek* e as carnes secas e temperadas com feno grego. O *bento* japonês, cada vez mais refinado a partir da época Edo, tem sua origem em provisões de arroz transportadas como alimento de viagem desde o século XII. As tigelas de madeira de marinheiros precederam as marmitas de ferro que os soldados transportam a todas as frentes durante a Primeira Guerra Mundial. Versão comercial de mercadorias preparadas para um consumo exterior, os sistemas de entrega no trabalho se multiplicam. O filme de Ritesh Batra, *The lunchbox* (A marmita), dá uma versão romanceada dessas redes de entrega de alimentos na cidade indiana, testemunhando sua importância. Mais de 200.000 marmitas são entregues a cada dia em Bombay pelos dabbawallahs, que garantem uma logística complicada. A digitalização das funções comerciais de entrega originou após a década de 2010 uma nova economia "uberizada", em que sociedades de entrega de pizza, e mais tarde de pratos preparados e, finalmente, de menus inteiros monopolizaram o mercado dos lugares de trabalho tanto quanto dos domicílios.

Capítulo VI
Os desafios políticos da alimentação

O drama das revoltas e das revoluções nascidas das escassezes e das fomes muito cedo na história alertou os responsáveis políticos sobre a obrigação de garantir a segurança alimentar às populações sob seu governo. As obrigações da hospitalidade como transmitidas na Antiguidade greco-romana retomavam essa ideia de que todo ente humano tem vocação para viver dignamente – ao menos quando os coletivos têm os meios de garantir um acesso à alimentação.

Ademais, tanto as cidades-Estados do Oriente Médio quanto os primeiros reinos chineses puderam se construir porque uma forma de segurança alimentar existia para as classes dirigentes. Elas foram as primeiras a controlar os recursos necessários à sua sobrevivência por todos os tipos de meios técnicos, jurídicos e militares. Com as transações, os produtos alimentares tiveram de ser submetidos a normas para serem reconhecidos como tais além da sua zona de produção. Essa política permitiu aos Estados gerirem, tanto bem como mal, as crises sanitárias que ocorreram a partir da década de 1990.

I – O controle dos recursos

Os teóricos do neolítico propõem a ideia de um controle necessário dos recursos para as classes urbanas, sob formas muitas vezes autoritárias, em troca de uma proteção em caso de conflito. Durante a Antiguidade greco-romana, múltiplos dispositivos são imaginados pelas classes dirigentes para satisfazer as necessidades dos mais destituídos. A partir da alta Idade Média, as igrejas assumem uma parte da pobreza e, especialmente, do acesso aos alimentos, com uma relevância cada vez maior nos séculos XII e XIII graças às ordens mendicantes, especialmente os franciscanos. Com base nessas redes e nessa visão quase humanitária das populações urbanas desfavorecidas, reavivada pelos debates protestantes sobre obras de caridade, a rede hospitalar vai se constituir em várias etapas com grandes figuras que mudam, em parte, a imagem da opinião pública sobre os pobres, que precisavam receber alimentos.

A fiscalidade dos produtos estratégicos foi um instrumento eficaz de gestão dos recursos. Dois produtos são designados para serem fiscalizados pelos poderes públicos: o sal e os cereais.

Na China imperial dos Song e dos Ming, como no mundo mediterrâneo e na Europa absolutista, milhares de oficinas de produção de sal eram controladas pelo Estado que mantinha o monopólio especialmente por impostos como a gabela na França. Jean-Claude Hocquet[1] evoca episódios de locais de produção de sal em regime de escravidão em Ibiza, na Nova Espanha (atual México), na Sardenha, e mesmo na Alemanha nazista, onde os prisioneiros de guerra eram obrigados a extrair o sal das minas da região de Salzburgo.

Para os cereais, as primeiras fontes disponíveis de uma alimentação política são as do Egito faraônico, com a disposição específica na qual o faraó é proprietário de todas as terras (mesmo que a propriedade privada seja estabelecida), implicando corveias para o cultivo e a administração para a recensão e a gestão. "Sem fome e pouca subnutrição",[2] uma verdade política, para gerir as vacas magras. Essa configuração está ligada ao fato de que o Egito é fundado sobre a obrigação de nutrir os deuses, os mortos e os humanos, o que conduz à ração política. Nos Gregos, o sacrifício sendo um ato religioso e político, a cidade se assegura da regularidade do aprovisionamento. Durante os banquetes democratizados (que se distinguem dos

---

1. J.-C. Hocquet, *Le Sel. De l'esclavage à la mondialisation*, Paris, CNRS Éditions, 2019.

2. P. Ariès, *Une histoire politique de l'alimentation*, Paris, Max Milo, 2016, p. 70.

banquetes privados), a dimensão política repousa no fato de que o público é acolhido por sua cidadania. Em Roma, o Estado intervém porque a cidade, com uma população de quase um milhão, deve se proteger das fomes. Ele massivamente pratica razias e distribuições e, com a lei Flávio de 161 a.C., proíbe a livre circulação de produtos extraídos da terra cultivada. A lei frumentária de Caio Graco em 123 a.C. pretende ir além da distribuição mensal de um bushel (*boisseau*) de trigo a preço reduzido aos camponeses pobres, instituindo uma reforma agrária que funda, entre outras, 12 colônias de 3.000 homens escolhidos entre os mais pobres. O trigo pode provir também do dízimo antes de ser armazenado nos celeiros. O serviço público encarregado de distribuir o trigo era gerido por um prefeito que recolhia dos habitantes um imposto em produtos chamado anona. Esse aprovisionamento da cidade imperial significava, para Paul Veyne, que "a cidade antiga considerava que seus cidadãos a haviam escolhido" e que em troca um mecenato de ricos podia alimentar as práticas evergéticas porque se tratava aí de uma obrigação moral. Enfim, além dos cereais, citaremos, para registrar, o édito de Máximo, publicado pelo imperador Diocleciano em 301, que determina as tarifas das principais mercadorias à venda nos mercados. Essa generalização das práticas mais antigas foi retomada pelos convencionais durante a Revolução Francesa em 1793.

Nas tribos gaulesas, os sistemas coletivos, então políticas mais controladas por druidas, são moeda corrente. Os silos de grãos, glandes e legumes são edificados pelas comunidades familiares segundo regras muito rigorosas para constituir estoques que duram mais de um ano. Nos tempos do feudalismo, a fiscalidade se torna muito pesada, pois a monarquia e a aristocracia têm necessidades importantes para seus rituais suntuosos. Na época moderna, a novidade vem da vigilância da poluição das águas de fontes e de poços devido a um grande medo de envenenamentos, da construção de cisternas e de fontes às canalizações para distribuições públicas de água, antes das instalações mais sistemáticas que começam na década de 1860 nas cidades.

No prato, o pão é generalizado durante a Idade Média e, apesar das escassezes, permanece um assunto político e o símbolo das políticas alimentares. Vários casos de definição do pão nos grupos de padeiros se resolvem nos tribunais e no parlamento. O pão parece estar na origem, em parte, de revoluções e de revoltas de subsistência que marcaram a história da França. No fim do século XVII, Malthus pleiteia, em vão, por hospedarias destinadas a acolher os mais destituídos.

II – A normalização dos produtos

"O século XIX é a idade de ouro das falsificações".[3] Aulagnier publica em 1830 seu inventário

---

3. *Ibid.*

em seu *Dictionnaire de substances alimentaires et de leurs propriétés* [Dicionário de substâncias alimentares e suas propriedades]. O vinho se encontra entre as bebidas mais traficadas. Assim, o fraudador consegue fazer "vinho nutritivo" sem uva. Para combater as cópias, a III República instaura administrações de vigilância da qualidade dos produtos. Já sob o Antigo Regime[4], uma economia da identificação havia emergido com a classificação de mercadorias, a busca pelo preço justo e as transações paritárias. A partir daí, as reputações passam a ser associadas às normas e à qualidade em outros setores industriais. O caso mais documentado é o desenvolvimento da qualidade do vinho no fim do século XIX, devido ao grande número de falsificações, ligadas especialmente ao colapso de agentes econômicos, o que originou, *in fine*, uma administração pública em 1935 com o Instituto Nacional de Denominações de Origem.

A criação de administrações de vigilância da qualidade dos produtos é instaurada com o reconhecimento da responsabilidade devida aos produtos e à aprecnsão judiciária da qualidade das mercadorias. A partir daí, originam-se dispositivos institucionais para servir aos interesses dos consumidores, dos produtores, dos distribuidores

---

4. Para o conjunto dos produtos deste parágrafo, ver A. Stanziani (dir.), *La Qualité des produits en France (xviiie - xxe siècles)*, Paris, Belin, 2003.

e dos transportadores, e recursos como rótulos, certificações, normas de segurança, e a regulamentação dos produtos e da informação aos consumidores. Os tribunais nos Estados Unidos foram pioneiros na construção de uma trilha de produtos em função de sua periculosidade. A noção de responsabilidade civil emergiu no começo do século XX, especialmente em casos de negligência, e figurou nos contratos com os fabricantes a partir da década de 1920. Desse fato, a segurança sanitária dos produtos foi inscrita no processo de normalização na origem de uma estrutura jurídica nacional para o controle da conformidade e da segurança dos produtos. As primeiras leis sobre falsificações e fraudes datam de 1851 e continuaram a ser ampliadas além do mundo industrial; em 1905, inúmeros produtos alimentares de origem controlada são estabilizados nos territórios graças à adoção da origem como parâmetro determinante (AOC [DOC – Denominação de Origem Controlada], AOP [DOP – Denominação de Origem Protegida], IGP [Indicação Geográfica Protegida]). Numerosas instituições – cujas ideias remontam ao fim do século XVIII – são também demandadas a regular os conflitos e se impõem como referências nessa coordenação.

No fim do século XVIII, no momento em que Lavoisier estabelece uma nova leitura do mundo material pela química, a associação entre as patologias e alguns lugares, como os pântanos ou algumas ruas muito insalubres das cidades. muda a natureza do vínculo entre as doenças e o que chamamos hoje ambiente. As epidemias não são mais vistas em todo o mundo como castigos divinos e se tornam temas de estudo. Falsificar as mercadorias é uma prática corrente ligada à ganância. As primeiras escolas veterinárias criadas em Lyon e Alfort na década de 1760 e os progressos consideráveis na medicina e na biologia contribuem para levar cada vez mais em conta o papel do meio na infecção, o que é corroborado pelo higienismo. Congressos internacionais, fundações como a Sociedade Científica de Higiene Alimentar (SCHA): tudo é feito para difundir as pesquisas da química alemã (Liebig, Von Voit) e da agronomia estadunidense (Atwater).

Assim, a exemplo da associação suíça A Cruz Branca sobre a adulteração dos alimentos na década de 1900, seguindo a Federação Internacional do Leite que estabelece as primeiras normas internacionais, uma comissão econômica das Nações Unidas reunindo 161 países cria a ISO. Esse organismo internacional não governamental independente cria, em 1947, um catálogo de normas internacionais de aplicação voluntária. Elas precedem a criação da Organização Mundial da Saúde em 1948 e, em 1949, o Código Latino-Americano de Alimentos. Na Europa, um *codex alimentarius* é estabelecido em 1958. Ele vai permitir à FAO estabelecer em 1963 seu próprio código em um programa misto com a OMS sobre as normas alimentares. Nessa época nasce uma contestação muda contra os sistemas produtivistas, protesto que só será ouvido pela opinião pública depois das crises sanitárias das décadas de 1990 e 2000.

Em 1985, as Nações Unidas exigem que os membros adotem as normas do Codex, que permitem facilitar o comércio internacional e regular as divergências comerciais.

III – As crises sanitárias

Na Europa, a Autoridade de Segurança Alimentar Europeia (European Food Safety Authority – EFSA) é criada em 2002 após crises alimentares ocorridas desde a década de 1980, tais como o óleo adulterado em 1981, a encefalite espongiforme bovina (ESB) em 1986, o frango com dioxina em 1999, a gripe aviária em 2003, e a epidemia da bactéria E. coli em 2001. A própria crise da ESB esteve na origem da criação da AFSSA em 1999, que se tornou ANSES (Agência Nacional de Segurança Sanitária da Alimentação, do Ambiente e do Trabalho) em 2010. No ano seguinte, ocorreu na Austrália o primeiro congresso internacional One Health [Uma Saúde], que conectou ainda mais as questões sanitárias às do ambiente. O conceito de One Health une de maneira indissociável a saúde humana e a saúde animal.

Nos países ricos, as crises que afetam os vegetais, como a dos grãos germinados mortais na

Alemanha ou das algas mortais na Bretanha, mostraram também a fragilidade de plantas sujeitas aos riscos crescentes de parasitas e doenças. As normas fitossanitárias sobre o comércio de plantas foram reexaminadas a partir de 2016, e as fronteiras sanitárias em escala mundial são cada vez mais rigorosamente fiscalizadas.

Após a definição do conceito de expossoma, de Christopher P. Wild em 2005, os trabalhos sobre os determinantes ambientais de patologias crônicas (câncer, diabetes e doenças cardiovasculares) exploram, além dos determinantes genéticos, as exposições de um ente humano, de seu estado fetal à totalidade de sua vida.

IV – Os medos alimentares

Essas pesquisas estão ligadas a fatos reais que maculam a indústria agroalimentar e seus setores mais elevados. Mas as razões pelas quais a angústia não diminui têm a ver com numerosas disposições sobre a qualidade e a rastreabilidade que jogam a suspeita sobre os alimentos. Pois os alimentos são também construções mentais durante aprendizados na infância e de produções culturais que variam conforme os lugares e as épocas. Uma "alimentação saudável" leva por vezes a problemas do comportamento (ortorexia) que podem chegar até a dessocialização e a desnutrição. Os alicamentos, que pretendem atuar sobre a saúde e o envelhecimento, aumentam o medo de OGM (Organismos Geneticamente Modificados), *fast-foods* e alimentos industriais.

V – A alimentação geográfica

A historiadora Madeleine Ferrières recordou que os medos marcam a história da alimentação em toda parte no mundo. Quer sejam abordados pelo poder público ou não, sua força não diminui para suas vítimas. Vários são aqueles que os tratam: médicos, veterinários, políticos, químicos, críticos gastronômicos, bem como muitos conselheiros (dietistas, higienistas), mas, também, a favor, as mídias com a excepcional caixa de ressonância da internet para os consumidores. Consumidores urbanos estão longe dos lugares de produção e devem, portanto, ter critérios para fazerem suas escolhas. Esse distanciamento generalizado está na origem da valorização do "local".

Essa nova abordagem dos alimentos por sua origem geográfica é antiga. Quando era possível, a marca sobre alguns tipos de produtos como os fiambres, os queijos e, mais tarde, os vinhos atuava como um certificado de qualidade quando os consumidores associavam, pelo pensamento mágico, valores reconhecidos por suas coletividades. Antes que o direito se apropriasse dela, a questão da tipicidade emergiu com a globalização da alimentação, até em suas formas mais antigas (comércio de vinhos e de óleos, fiambres, queijos e especiarias desde a Antiguidade). A tipicidade define o reconhecimento do valor de um produto, mas também os processos de fabricação em lugares bem-marcados pela geografia que isola perímetros de proteção jurídica. De modo simples, fundada sobre a comparação com as produções vizinhas pela geografia, ela se desenvolve em seguida com a urbanização e a globalização, que obscurecem a abordagem qualitativa dos alimentos. Se "comer é incorporar um território" (a expressão é de Jean Brunhes), então, a alimentação geográfica resultante toma emprestado o que o Ocidente chama "natureza", suas paisagens e cidades, para elaborar qualidades que serão uma referência para os consumidores.

Na Europa, esse modelo jurídico, estabelecido inicialmente na França na primeira metade do século XX, é rapidamente difundido nos países latinos, onde adotou algumas de suas características. O modelo foi então exportado para algumas regiões vitivinícolas do mundo (Califórnia, Chile, África do Sul) e encontrou adeptos no Japão, onde o vínculo à terra repousa na grande proximidade que liga os japoneses a seus arrozais. Na França, as denominações de origem controlada que a União Europeia retomou com as DOP (Denominações de Origem Protegida) fazem parte de uma coleção importante que remonta ao século XVII quando as primeiras fraudes, do roquefort, foram denunciadas no departamento de Toulouse. A variedade dessas denominações se expande à medida que os artesãos podem provar ao idealizador da lei de 1905 que respeitam práticas de produção justas e constantes. Desse modo, os cervejeiros, os biscoiteiros e os confeiteiros conseguem rotular seus produtos. Após a década de 1980, exigências paisagísticas completam para algumas esse dispositivo de proteção.

VI – Rotulações

Esse uso de topônimos nas rotulações assumiu outra forma nos países protestantes do norte da Europa, de vocação comercial, usando aí de patronímicos cujas raízes linguísticas já são, em si, toda uma linguagem geográfica. Heineken (Países Baixos), Lipton (Reino Unido), McDonald's (Estados Unidos), Nestlé (Suíça)... um uso estendido aos lugares de produção que são também formas derivadas de indicações geográficas que podem ser protegidos quando se tornam também, no uso, verdadeiras marcas, como Parmigiano Reggiano (Itália), Sapporo (Japão), Nilgiri e Darjeeling (Índia)...

Na França, os signos oficiais da qualidade dos produtos alimentares se apoiam sobre regulamentos europeus de 2011, seja sob diretivas ou regulamentos adotados na estrutura da política agrícola comum (frutas, legumes, carnes, aves, licores, produtos da pesca, ovos, chocolates, mel, geleias etc.), seja sob códigos de usos (fiambres, nugás). As principais DOP europeias são o parmesão e o gorgonzola (Itália) e o feta (Grécia); e os de países que não pertencem à União Europeia são o gruyère (Suíça), a pinggu da tao (China), o phu quoc (Vietnã).

Além das informações regulamentares obrigatórias, os produtos se distinguem por quatro signos europeus de qualidade criados em 1992 por iniciativa da França: as DOP que garantem o vínculo à região, as ETG (Especialidades Tradicionais Garantidas) e a menção AB (Agricultura Biológica), às quais podemos unir o muito exigente Demeter (biodinâmica). A conformidade às especificações de pré-comercialização, e então a marca, a composição e a rastreabilidade dos produtos são também controladas. As Indicações Geográficas Protegidas (IGP) autorizam matérias-primas vindas de outros lugares, quando as ETG valorizam uma receita local como a mozarela (Itália) ou a kabanosky staropolskie (Polônia) e os mexilhões de bouchot (França). A partir de 2007, a agricultura biológica tenta estabelecer um sistema de gestão sustentável da produção (águas e solos) evitando os OGM, os pesticidas e os fertilizantes e garantindo o bem-estar dos animais (percursos exteriores, espaços suficientes nas edificações de criação). Produtores, transformadores e atacadistas são fiscalizados na França uma vez por ano. Os produtos devem conter ao menos 95% de ingredientes agrícolas com certificação bio. Enfim, o Rótulo Vermelho existe desde a década de 1960 e utiliza a geografia se não usurpa uma DOP ou uma IGP existentes.

Na escala internacional, tendo em vista a globalização da alimentação que ameaça as culturas locais, as Nações Unidas designaram, por meio de sua agência cultural, especialidades e técnicas culinárias entre as quais a refeição gastronômica dos franceses, a cozinha mexicana e o washoku japonês. O pão de especiarias croata, os kimchi coreanos, a cerveja belga, mas também receitas como a dolma (folhas de videira recheadas), o nshima africano, a pizza napolitana, a arte de preparar o café árabe etc., figuram em uma lista que não para de aumentar.

Capítulo VII
A educação dos consumidores

I – Regimes alimentares: entre medicinas e crenças

1. Preconizações dietéticas e medicina

As escolhas alimentares não procedem senão de respostas quantitativas às necessidades fisiológicas. Cada área cultural elaborou preconizações dietéticas durante sua história, que provêm de uma concepção do mundo. Na Europa ocidental, até o século XVII, os princípios das teorias humorais determinam os equilíbrios alimentares. Presume-se que as associações do calor e do frio, e do seco e do úmido, definem compleições com os humores, os temperamentos e os elementos que compõem o corpo humano, que a alimentação deve equilibrar. Os princípios dessa dietética são fundados nos textos antigos de Galeno e de Hipócrates, realçados por tradutores árabes entre os séculos IX e XI como Avicena, na Pérsia e Albucasis, em Córdoba, ou difundidos por polos de conhecimentos médicos como em Salerno e por enciclopédias médicas como o *Liber pantegni* de Ali ibn Abbas al-Majusi no fim do século X. Nos tratados dietéticos que se multiplicam entre o século X a.c. (Hipócrates) e o século VI d.C. (Antime) se unem antologias profanas conhecidas como livros de conselhos e obras terapêuticas. O conjunto do corpus, na busca de bons equilíbrios, preconiza geralmente a moderação alimentar e contribui para definir práticas culinárias que regulam as refeições de grupos sociais prósperos. Nesse pensamento, as doenças procedem do desequilíbrio dos humores, que a medicina deve se dedicar a corrigir. A escolha de alimentos pode ajudar, por exemplo, pelo consumo de minúsculos bolos feitos de farinha de centeio e especiarias para combater a indigestão ou pela utilização das virtudes curativas de figos do Oriente. A hierarquia dos alimentos estabelecida é também uma codificação social.

Essas práticas se mantiveram perenes em várias culturas, quando no Ocidente novos conhecimentos levam a reinterpretar a saúde por um conhecimento do corpo, da fisiologia e da química das substâncias. Na China, a busca de equilíbrios alimentares, concebidos como práticas de saúde, combina o yin e o yang com cinco elementos constituintes do universo (madeira, fogo, terra, metal e água) dos quais deriva a divisão dos conhecimentos. Os princípios não reproduzem a dietética antiga, mas constituem outra harmonia. A associação dos alimentos e de suas virtudes e dos modos de cozimento mais apropriados entram, assim, em ligações complexas, expostas desde o século III, e detalhadas por livros de dietistas. Alguns pratos fazem uma síntese delas, a exemplo da sopa, muito presente na alimentação asiática, que liga cozinha e medicina. Próximos de uma concepção médica da alimentação, as regras ayurvédicas estabelecidas na Índia no II milênio a.C. se inscrevem em uma busca similar baseada na assimilação benéfica de nutrientes, determinada pela natureza individual. No oposto geográfico, a alimentação crioula representa outro exemplo dessas dietas que primam pela saúde antes do gosto.

2. Alimentação e religião

As grandes correntes religiosas determinaram outras regras alimentares. Sua influência social é desigual, e sua normatividade difere em função das áreas espaciais e culturais, mas jamais é totalmente ausente, seja pelas proibições alimentares, seja pela associação de alimentos particulares a festas.

O cristianismo difere das outras religiões monoteístas pela ausência de regras alimentares. O Novo Testamento afasta, assim, a designação de animais impuros que anula todo tabu alimentar e exclui os ritos sacrificiais. Em vez disso, a enunciação dos pecados guarda um lugar à condenação da glutoneria, contra o abuso da *"Gula"*. O Ciacco da *Divina comédia* de Dante recorda toda sua força na Itália no século XIV. Os textos da Lei judaica são mais explícitos pela proibição de consumir sangue, por uma classificação de animais puros e impuros, com ovelha, peixes com escamas e barbatanas de um lado; porco, lebre, pássaros predadores e insetos do outro. As leis de cashrut têm uma influência direta na cozinha judaica, mas também nos modos de vida mais materiais, separando, por exemplo, produtos lácteos e produtos derivados de carne em um mesmo lugar. O islã indica de maneira similar o que é lícito (*halal*) e o que não é (*haram*), e o que é reprovado (*makrouh*) nas práticas alimentares muçulmanas. O Alcorão condena, assim, a embriaguez, o consumo de carne, de porco ou de sangue. A religião judaica e o islã têm em comum a exigência do abate ritual dos animais. Outras práticas religiosas proibiram o consumo de animais considerados sagrados, do crocodilo egípcio à vaca indiana. O budismo, introduzido no Japão no século VI, manteve durante vários séculos a proibição de consumir animais até que os missionários portugueses influenciassem as práticas, com sua chegada no século XVI.

Os calendários religiosos exercem uma influência geral. Assim, para os cristãos, a regra dos dias magros, da Quaresma e dos dois Adventos que existiam na Idade Média (o Advento do Natal e o Advento Pascal), por muito tempo estruturou as práticas. A associação do peixe aos dias magros manteve a economia comercial da pesca e do pescado conservado no sal. A exclusão de matérias graxas durante a Quaresma engendrou dispositivos compensatórios, inclusive as dispensas financiadas pela Igreja. Esmolas pagas para se liberar do jejum permitiram a construção das "torres de manteiga" das catedrais de Rouen ou de Bourges. O calendário muçulmano exclui ingestões alimentares diurnas durante o Ramadã. As práticas alimentares das comunidades eclesiásticas têm igualmente regras determinadas. No Japão, até o século XIII, quando aparece o jodo shinsyu, os monges budistas desenvolvem pratos vegetarianos na impossibilidade de comer peixe ou carne. O jejum das primeiras colônias eremitas e de ascetas do Oriente era praticado nos monastérios beneditinos cujas regras organizam o calendário anual da abstinência. Na Idade Média, a regra de São Bento não impõe o rompimento do jejum devido à hospitalidade oferecida aos peregrinos.

Todas as religiões compartilham a celebração de festas às quais estão associados alimentos e pratos particulares. Alguns apresentam um verdadeiro simbolismo e exprimem sincretismos. Os crepes da Candelária são tanto a comemoração da apresentação de Jesus no Templo quanto a lembrança da festa romana da Lupercália marcada pelo consumo de galettes de forma solar para anunciar a luz da primavera. A festa judaica Pourim não poderia ocorrer sem os bolos hamenstashen e os ozne aman, nem a Pessah sem matsa e favas. Romper o jejum do Ramadã a cada noite requer a harira marroquina e a chorba argelina. A ovelha da Aïd-el-Kébir é tão tradicional como o peru da Ação de Graças e os mannele da Alsácia entre São Nicolau e o Natal. Outros alimentos provêm mais dos usos transmitidos e por vezes completamente pervertidos por razões comerciais. Quantos calendários do Advento são, assim, vendidos em muitos lugares, bem antes do tempo litúrgico cristão, repletos de gulodices diversas sem ligação real com a significação religiosa inicial? Além disso, o declínio das práticas religiosas conduz ao relaxamento das observâncias alimentares. É o que ocorre, por exemplo, com o consumo de carne na Índia, embora o país seja apresentado como o polo do vegetarianismo. Apesar de tudo, para diversos vetores, as religiões mantêm relações importantes com os modos alimentares e formam o substrato de questões econômicas não negligenciáveis. Os setores *kosher* e *halal* produzem uma quantidade importante de negócios nos países onde a pluralidade religiosa prevalece, tanto na Europa quanto nos Estados Unidos.

3. Os alimentos imaginários

A alimentação carrega também um imaginário. Intuições empíricas e transmissões geracionais adquiridas da experiência contribuem também para determinar regras nas maneiras de se nutrir. Inúmeras crenças, fundadas ou falsas, não desaparecem facilmente. Provérbios servem por vezes de preconizações culinárias. Atributos são repetidos muitas vezes, como as virtudes afrodisíacas do chocolate e as vantagens de ervas medicinais cujo inventário é conhecido tanto por monges como por camponeses. Outras avaliações, por sua vez, dependem de diferenças culturais e da aprendizagem de gostos que dificultam as mestiçagens alimentares. A farinha de mandioca das populações ameríndias surpreende os conquistadores espanhóis, que devem aprender a usá-la. Antes que a ciência comunique suas explicações, muitas precauções alimentares provêm, de fato, de atitudes prudenciais. Referências mais ou menos comuns dos conhecimentos cotidianos dizem respeito à escolha de carnes, às práticas de cozimento e ao perigo de materiais tóxicos.

II – Saúde e alimentação na época contemporânea

1. Higienismo e nutrição

Novas concepções higienistas e nutricionais aparecem. No lugar das dietas elaboradas desde a Antiguidade, os Europeus utilizam, a partir do século XVII e mais ainda no século seguinte, outras concepções, fundadas na associação de conhecimentos, na originalidade dos gostos e na inventividade culinária. Se a maior parte do povo tenta se alimentar em função da instabilidade dos recursos alimentares, categorias sociais afortunadas se diferenciam pela profusão à mesa. O discurso gastronômico concebido no começo do século

XIX, em particular na França, legitima essa busca do gosto. Vários escritores elaboram preceitos, a exemplo de Joseph Berchoux em *La Gastronomie ou l'Homme des champs à table* [A gastronomia ou a pessoa do campo à mesa] (1804), Grimod de La Reynière em seu *Almanach des gourmands* [Almanaque dos glutões] (1803), e Brillat-Savarin na *Physiologie du goût* [Fisiologia do gosto] (1825). No fim das contas, durante o século XIX, as diferenças se cruzam entre os consumidores que dispõem de uma mesa abastecida, variada, gastronômica e por vezes excessiva, e aqueles cujos regimes alimentares são igualmente desequilibrados pelos orçamentos alimentares muito restritos e meios de subsistência insuficientes. As concepções nutricionais que aparecem a partir da década de 1870 visam corrigir ambas essas situações, características das populações urbanas ocidentais.

2. Um espírito saudável em um corpo saudável

Novos conhecimentos melhoram as concepções dietéticas e os efeitos da alimentação no metabolismo do ente humano. A partir da década de 1820, o médico inglês William Prout é um dos primeiros estudiosos a definir as substâncias alimentares. O conhecimento dos micróbios (1877), das salmonelas (1880) e das vitaminas (1911) se torna essencial. A bacteriologia se desenvolve após os trabalhos de Pasteur durante a segunda metade do século XIX. Um Prêmio Nobel é conferido ao fisiologista francês Charles Richet em 1913 após sua descoberta do risco anafilático que aprofunda a análise das substâncias tóxicas. As tecnologias alimentares ganham igualmente em segurança. A descoberta de novos materiais suscita, com efeito, o problema de sua utilização, quer se trate do alumínio em 1854 ou do celofane produzido nos Estados Unidos a partir de 1924. Pela pesquisa industrial ou pela regulamentação governamental, respostas ainda imperfeitas são dadas aos riscos de toxidade que a opinião pública não ignora.

3. Alimentação e demografia

Os conhecimentos ligados à alimentação se difundem graças aos encontros internacionais onde se unem médicos, higienistas e cientistas. Os congressos de higiene e de demografia têm uma seção dedicada à higiene alimentar a partir de 1878. A definição de cada produto alimentar é promovida a partir de 1882. Dez anos mais tarde, em Londres, a ideia de um código indicando a composição das substâncias alimentares avança na direção da identificação do alimento puro em 1913. A questão da nutrição leva a sugerir que os químicos e os fisiologistas se envolvam juntos em pesquisas que liguem alimentação e demografia. A troca de informações vindas de laboratórios municipais ou de empresas alimentares progride.

Instituições como o laboratório municipal de Bruxelas (1856) e o escritório imperial para a saúde em Berlim (1876) implementam o controle das substâncias alimentares. A partir de 1879, a comunidade científica internacional se interessa pelos aditivos alimentares, tema que as autoridades europeias tiveram de tratar por meio da legislação um século mais tarde. Muito antes disso, a lei sobre a saúde pública adotada na França em 1902 estende o controle dos laboratórios de higiene. Nos Estados Unidos, o Federal Food and Drugs Act de 1906 engendra normas determinantes.

Novas preconizações dietéticas aparecem, voltadas a uma alimentação dita "racional" das famílias. No fim do século XIX, o equilíbrio calórico se torna o objetivo prioritário dos higienistas, mobilizado nos Estados Unidos com os trabalhos do diretor das estações agronômicas do ministério da Agricultura, Wilbur Atwater, bem como na Europa, onde Carl von Voit edita na Alemanha as primeiras tabelas de composição alimentar. As pesquisas anatomopatológicas do doutor Letulle na França levam à criação de uma Sociedade Científica de Higiene Alimentar em 1904. Comer carne, aumentar o açúcar e matérias graxas, lutar contra a hiponutrição, quer seja ela das crianças, mulheres ou das classes trabalhadoras, tornam-se os novos cânones dos prescritores de uma alimentação científica. De fato, nos Estados Unidos e na Europa, trata-se de corrigir as práticas alimentares das populações de trabalhadores manuais, com uma menor atenção dirigida às outras categorias sociais.

Face às inquietudes sanitárias, por razão corporal ou por escolha ética, o vegetarianismo assume um lugar inovador na Grã-Bretanha, onde nasce a sociedade vegetariana em 1847; na França, em 1889; e na Itália, em 1905. Ele se difunde na Europa sobretudo após a Primeira Guerra Mundial. A exclusão do consumo de carne e o emprego de leguminosas e de cereais em quantidades mais abundantes prevalecem. Nos Estados Unidos, a estratégia comercial do doutor Kellogg, inventor dos *corn flakes* em 1895, difere da concepção do veganismo, adepto de um vegetarianismo mais rigoroso a partir de 1944. O que parece novo aos consumidores ocidentais não é novidade na China, onde o taoismo o exalta, ou na Índia, país em que ao menos um terço da população é de vegetarianos hoje.

4. Alimentação e patologias

Apesar de todos os avanços científicos, as patologias associadas à alimentação permanecem numerosas e afetam de maneira diferente os continentes. Após a Segunda Guerra Mundial, substituem-se as doenças de deficiência por aquelas ligadas a uma alimentação muito gordurosa, muito carnívora e com muito açúcar na maior parte dos países ocidentais. A obesidade e as doenças cardiovasculares se tornam um problema de saúde pública maior nos países ricos. Desde 1975, o número de casos de obesidade triplicou no mundo e, conforme as normas da OMS, 40% dos adultos são hoje sobrepesados, dos quais mais de 13% são declarados obesos. Há diferenças mundiais significativas entre a taxa de obesidade dos adultos mais alta, de 36% da população na América do Norte, e a mais baixa, de 5,4% no sul da Ásia em 2016. Ainda que a alimentação seja apenas um fator dessa situação, amplamente imputável aos modos de vida urbanos e ao sedentarismo, os desequilíbrios nutricionais têm uma boa parcela de responsabilidade. O consumo de álcool é outro fator de morbidade, associado a 2,8 milhões de mortos por ano no mundo. A temperança é fato na Índia, nos países do Sudeste Asiático e nos países árabes, mas o consumo excessivo de álcool marca uma prevalência mais elevada na Europa, Rússia, Austrália e na América do Norte.

Ao contrário, a subnutrição é sempre um drama recorrente no mundo, atingindo mais de 800 milhões de pessoas em decorrência de causas múltiplas: aumento dos preços agrícolas, especialmente dos cereais após 2004; fenômenos climáticos catastróficos; protecionismo dos mercados; e elevação dos custos de produção. A África paga o tributo mais pesado, com 20% de pessoas subalimentadas, diante da Ásia, com 9% – como a América Latina e o Caribe –, embora a metade da população subalimentada no mundo ali habite.

Os agentes patógenos ligados a uma alimentação mal controlada ou elaborada em condições insalubres constituem outra fonte de morbidade alimentar. As doenças diarreicas, a febre tifoide, a hepatite A e as aflatoxinas são as mais graves, muito à frente da salmonelose. De um modo geral, neste começo de século XXI, segundo os relatórios da OMS, a cada ano cerca de 600 milhões de pessoas apresentam doenças ligadas a alimentos contaminados. Menos de 0,1% morre delas, mas quase um terço das mortes afeta crianças de menos de cinco anos. A África e o sudeste da Ásia são os mais afetados.

Face aos desequilíbrios alimentares, para corrigir os regimes nutricionais em função de princípios comportamentais ou por cálculo econômico, os poderes públicos encetaram, depois de muito tempo, medidas corretivas, que são regulamentares, legislativas e normativas. Algumas são apresentadas como políticas nutricionais que integram concepções dietéticas nas políticas alimentares. Tomando forma na Europa durante o entreguerras e destacando as iniciativas do fim do século XIX em matéria de ciência da nutrição, elas são observadas tanto nos Países Baixos como nos Estados Unidos. Os países escandinavos adotam seus primeiros programas alimentares na década de 1930. Em 1937, a Organização de Higiene da sociedade das Nações já havia publicado um documento vinculando a alimentação à higiene, e a agricultura à política econômica, a fim de padronizar as pesquisas alimentares e as respostas nutricionais. Os canais de convencimento são múltiplos, da ação do Estado à mediação de associações de educação doméstica, da mídia às campanhas de industriais. A Segunda Guerra Mundial uniu ações que se tornaram indispensáveis pelas situações de racionamento e de carências. O contexto favoreceu estratégias governamentais de controle e de organização alimentar, incluindo a *Food Policy* britânica, que combinava a ação de serviços de abastecimento e a atuação do Ministério da Saúde. O mesmo ocorre na Suíça e nos Países Baixos, onde a criação do Ministério para a Educação Nutricional em 1941 visa explicar os princípios de uma alimentação equilibrada em função dos recursos. Algumas instituições não governamentais atuam diante das necessidades insatisfeitas em outra escala. Na França em 1942, a Fundação Rockfeller contribui, por exemplo, para a criação de um instituto de pesquisas consagrado à saúde que combina higiene alimentar, dieta nutricional e saúde pública, constituindo uma das origens do INSERM (Instituto Nacional da Saúde e da Pesquisa Médica francês) criado em 1964. A partir da década de 1950, a pedagogia da nutrição praticada nos Estados Unidos se torna fonte de influência junto aos europeus. Ela se baseia especialmente nos *Dietary Studies* (Estudos dietéticos), conduzidos a partir da década de 1890, e nas pesquisas do

Ministério da Agricultura realizados regularmente a partir da década de 1930. Após a década de 1960, por iniciativas da FAO e da OMS, recomendações nutricionais fornecem múltiplos pontos de referência em nível mundial, enquanto em nível nacional os Estados fundam políticas de saúde em preconizações alimentares. O PNNS (Programa Nacional Nutrição Saudável), criado na França em 2001 e inscrito no Código da Saúde Pública em 2010, fornece um exemplo disso.

III – Informar os consumidores

Antes que especificações técnicas e conhecimentos nutricionais fossem disponibilizados aos consumidores na época contemporânea, havia saberes sobre alimentos. Desde a Idade Média, o apotecário oferece na cidade suas preconizações e receitas medicamentosas. As crenças transmitidas de geração a geração atribuíam a uma certa erva determinada garantia de cura. As virtudes das plantas explicam os jardins de plantas medicinais nas áreas cercadas monásticas. As cores dos produtos e os hábitos olfativos constituíam referências sensoriais que por muito tempo determinaram as escolhas de compra. Os conhecimentos alimentares não eram reservados às elites médicas ou cultas. A transmissão de conselhos pela tradição oral ou sua consignação por escrito disseminava provérbios populares. A urbanização e o desenvolvimento das indústrias alimentícias alteraram o modo como as pessoas aprendem sobre o mercado e, consequentemente, as referências culinárias. O distanciamento progressivo das fontes de abastecimento, o acondicionamento de produtos em embalagens protetoras e a diversificação dos circuitos de distribuição levaram os consumidores a se informar de outro modo.

O conhecimento dos produtos alimentares procede hoje de rótulos cada vez mais completos, contendo indicações quantitativas, nutricionais, geográficas, mas igualmente preconizações de utilização ou de degustação. Os produtos brutos, oriundos da agricultura, da criação ou da pesca, são registrados segundo normas de proveniência, de calibragem e de nível qualitativo, tornados efetivos na escala global pelas necessidades comerciais. Rótulos e certificações pretendem aconselhar os compradores com base em classificações locais ou comerciais. Em uma escala mais importante, a Europa dispõe de seus próprios rótulos com as DOP, as IGP e as STG depois da adoção de uma regulamentação europeia em 1996. Em 2020, a União Europeia conta com mais de 3.700 produtos alimentares dotados de uma das três siglas qualitativas. A Europa não é a única. Após 2005 na China e 2015 no Japão, siglas de qualidade alimentar baseadas na origem geográfica foram implantadas. Nos Estados Unidos, outras siglas sobre os alimentos biológicos, os modos de criação e mesmo a denominação de regiões vinícolas oferecem referências aos consumidores.

Múltiplos canais de informação contribuem para instruir e para formar os consumidores. Livros de dietistas, anúncios comerciais, discursos de marketing compreendem meios de conhecimento mais antigos. Os tratados de cozinha existiam antes do advento da imprensa, tanto sob uma forma muito literária, na China ou no mundo árabe, como em uma apresentação técnica destinada a determinar receitas voltadas a cozinheiros de cortes aristocráticas medievais. A partir do século XVI, os livros culinários se multiplicam, acumulando cada vez mais receitas. A obra de Bartolomeo Scappi, *Opera dell'arte del cucinare*, torna-se um modelo em 1570. O gênero se diversifica com os livros escritos por donas de casa e cozinheiros profissionais a partir do século XVII. A publicação se torna um mercado durante o século XIX, democratizando as práticas e estabelecendo regimes de menus para gerações de donas de casa tanto na Europa como na América. O uso de novos aparelhos (forno de micro-ondas, panela de pressão, sorveteira, grelha) renova o gênero no século XX assim como se desenvolve a apresentação de cozinhas estrangeiras ou regionais.

A imprensa culinária oferece outro olhar, complementar e periódico, a partir da década de 1880, em decorrência da profissionalização da cozinha e do lugar consagrado à mesa nas famílias burguesas. O número de títulos não para de crescer. Alguns têm uma longa história, como a *Cuci-*

na Italiana criada em 1924. Desde o fim do século XX, o mercado se tornou considerável, voltado para jornais de conselhos culinários e revistas sobre gastronomia, arte de viver e promoção de territórios. Consolidado pela utilização da fotografia culinária, introduzida a partir da década de 1920 nos livros gastronômicos, e durante a década de 1980 na Austrália na imprensa, o suporte escrito resiste face ao aumento do poder das redes sociais, blogs culinários (4.000 na França na década de 2010) e sites de cozinha. No entanto, os usos digitais vêm transformando as práticas alimentares desde a década de 2000, pelo acesso imediato a milhares de fotografias de refeições – a ponto de sugerir a ideia de uma *food porn* –, pelas transmissões promocionais de marcas ou de restaurantes e pela multiplicação de aplicativos digitais de auxílio à prática culinária. A internet retransmite, de fato, com outros meios, o que as conferências radiofônicas da década de 1930 e as emissões de televisão após a década de 1950 introduziam nos lares receptivos. Cada mídia contribui, assim, para a história da alimentação ao valorizar receitas e mercadorias, revelando o exotismo culinário, informando sobre preconizações dietéticas, favorecendo a globalização de marcas ou desenvolvendo um *food bashing* [ataque à comida] com intenções mais ou menos arbitrárias.

Capítulo VIII
A transição para o futuro

I – A nutricionalização pela ciência

A invenção da nutrição científica no século XIX abriu uma caixa de Pandora que jamais se fechou. Já no século XVIII havia interesse pelos "sucos nutritivos" e pela extração da gelatina. Quando Lavoisier e Laplace apresentam a digestão como uma combustão, a nutrição se orienta para uma abordagem energética que o químico alemão Justus Liebig explora em suas primeiras produções alimentares industriais. O fisiologista alemão Jacob Moleschott, em *Uma doutrina dos alimentos para o povo* em 1859, explica que a alimentação contribui apenas para o desenvolvimento físico, mas também para os pensamentos humanos, acusando, de passagem, a batata de ser pouco nutritiva para os músculos. Nessa época, os legumes são considerados "insuficientes para sustentar a vida", segundo a fórmula de Eugène Lefebvre por volta de 1870, bem como as especiarias e os condimentos. A colonização europeia nos trópicos africanos, americanos e asiáticos dá ideias aos entomologistas desejosos de promover (em vão) o consumo de insetos assim como os europeus levam o porco aos territórios onde é mal visto. Com os regimes planejados em torno dos três nutrientes que são os glicídios, os lipídios e os protídeos, nada muda antes da descoberta das vitaminas por Funk em 1911. Inúmeras doenças por deficiências (escorbuto, raquitismo, pelagra, beribéri...) podem ser tratadas e a nutrição inicia uma nova revolução.

A pasteurização (aquecimento do vinho e do leite entre 65 e 100°C antes de um resfriamento rápido) abre uma nova porta com a compreensão do papel da higiene na fábrica industrial e na distribuição da alimentação. Para a fabricação de cerveja e de conservas, é uma revolução que escancara a porta aos empresários que veem aí oportunidades para aumentar seus negócios. Todos os produtos passaram pelo crivo dos inventores, como Henri Nestlé, o farmacêutico renano estabelecido em Vevey (Suíça), que inventa as farinhas lácteas destinadas aos recém-nascidos em 1866. Para os álcoois – objetos de todas as atenções dos movimentos antialcoólicos a partir do século XVIII, especialmente nas seitas protestantes na Inglaterra e nos Estados Unidos –, a problemática é simples: face do aumento da produção (na França, passa-se de 91 a 162 litros anuais por adulto entre 1790 e 1850), promove-se aqui o café e o chá, as limonadas e os refrigerantes, cujas receitas são inventadas pelos farmacêuticos, como François Mariani, que desenvolve em Paris uma receita de vinho de Bordeaux em que são infundidas folhas de coca do Peru. Esse "vinho Mariani" sobe às mesas da rainha Vitória e dos papas. Um veterano da guerra da Secessão, John Pemberton, viciado em morfina, utiliza a receita francesa para desenvolver uma mistura com a noz de cola e com a coca, que cura também a "neurastenia". Em 1904, sem cocaína, a receita provoca furor quando o canadense John McLaughlin desenvolve uma bebida aromatizada com gengibre, a Canada Dry. Impulsionados pelas leis de proibição após a Primeira Guerra Mundial, os refrigerantes experienciam uma grande prosperidade nos países industriais antes de conquistar os países pobres, que só será freada no norte do planeta por impostos. A epidemiologia do refrigerante defende um controle mais rigoroso da distribuição.

Isso porque o consumo mundial de açúcar industrial, droga entre as drogas, é três vezes maior do que o necessário, ou seja, 50 kg por habitante por ano. Os custos sociais e sanitários são tais que se esboça uma proibição ao açúcar como ao tabaco. Com três quartos de sua população em situação de sobrepeso e de obesidade, o México é mostrado como um exemplo de luta contra o consumo excessivo de refrigerantes (mais de 160 litros por habitante por ano). A Europa se resigna aos impostos diante dos *lobbies* industriais que trabalham para desenvolver o consumo de água, e os países africanos estão se preparando para isso.

Nessa fase ativa de nutricionalização, nos países ricos se multiplicam os alimentos terapêuticos, enriquecidos com vitaminas e nutrientes ou fortificados com microalgas como os ovos. A busca por antioxidantes que previnem inúmeras doenças faz crescer as produções de bagas de goji, de nozes pecã, de mirtilos, de bagas de açaí e de argousier, de acerola, de cerejas negras e de amoras. Essas "superfrutas" são o objeto de um mercado mundial que se desenvolve entre as regiões de montanha ricas em bagas (Himalaia, Cáucaso) e as metrópoles. A destilação de medicamentos após a integração de nanoelementos já permite um melhor controle dos teores de sal, o aumento de seu tempo de conservação e a desaceleração de seu amadurecimento.

Nas práticas dos consumidores, o uso de smartphones para informar empresas de saúde que propõem o consumo em função de seu estado físico e nutricional fará parte de uma nova panóplia de dispositivos de julgamento e de confiança. Assim, a opinião pública forma um conhecimento em uma rede mercadológica que abala o regime de convicções tradicionais trazido pela família e pelo meio social. Mesmo nos países em desenvolvimento, os smartphones singularizam numerosas decisões que escapam aos determinismos locais.

II – Do sedentarismo a um novo nomadismo

A generalização da propriedade levou, após o século XVII europeu, os humanos a aumentarem seu vínculo aos lugares que os enriquecem pelo trabalho e pelo capital. Mas o desenvolvimento exponencial das mobilidades, da velocidade e das redes contraria esse localismo e atinge seu acme durante a última globalização do fim do século XX. A promoção atual do local como uma defesa face às empresas da indústria globalizada não deve iludir. Com certeza, a atenção às produções em torno das metrópoles promove um poderoso retorno à região. A aspiração a uma agricultura camponesa de proximidade é real. Mas os comportamentos contraditórios dos humanos levam a pensar que o sistema industrial ainda tem belos dias pela frente.

Isso porque os humanos têm cada vez mais facilidades para se deslocar, e os sistemas de informação imediata os informam sobre esses "alhures" e "acolás" que alimentam seus sonhos. No que concerne à alimentação, o sedentarismo das agriculturas se opôs ao nomadismo dos caçadores-coletores. Mas um movimento pendular parece multiplicar as possibilidades de ingestões alimentares fora do domicílio, muitas vezes rapidamente, sem companhia humana. Nos países ricos, as cozinhas domésticas são tecnicamente muito bem equipadas, embora as operações que lá ocorram se limitem cada vez mais à montagem, ou a preparações a partir de produtos já preparados pela indústria. O desaparecimento da sala de jantar nas moradias contemporâneas augura uma nova concepção de refeição, progressivamente assumida pelas entregas a domicílio. A praticidade das propostas é tamanha que robôs já preparam hambúrgueres em função de uma demanda precisa de cozimento antes de os colocar sobre o pão. Uma startup espanhola, como Natural Machines, já pode fabricar pratos de massa, pizza e bolos. Em Rennes, um software 3D permite fabricar crepes. Por agora, os custos permanecem elevados, e a fraca aceitação social limita essas mutações, mas é certo que conseguirão alimentar cada vez mais consumidores. A maior difusão de alimentos bio e do veganismo a partir da década de 2010 mostra que uma evolução profunda está em curso no comportamento de cidadãos jovens de países ricos: os setores agrícolas se convertem às exigências, por vezes com resignação, e os industriais redobram o entusiasmo nas propostas de pratos rápidos livres de conservantes sintéticos.

O que se chama, no momento, *smart food*, que estão sendo popularizadas por firmas de maioria americana, como Soylent, e mesmo francesas como Vitaline e Feed, ou alemã como Bertrand, oferece "soluções" para responder a novas expectativas dietéticas: sem glúten, bio, vegano, e mesmo hiperproteinado, em um contexto de ingestão alimentar rápida, solitária e dietética. As pesquisas mostram que não é possível se satisfazer comendo apenas esses alimentos que são suplementos ou propostas momentâneas, mas adaptados ao novo nomadismo. Não nos esqueçamos que se uma entre dez pessoas britânicas é vegetariana (contra 2% na França), os comportamentos alimentares mudam: o consumo de carne diminui drasticamente e, na escala mundial, segundo The Vegan Society, o consumo não carnívoro experienciou uma progressão de 987% apenas no ano de 2017. Desse modo, novas culturas como a quinoa, originária dos Andes boliviano e peruano, cultivada em mais de 70 países, inclusive na África (Nigéria), explodiram na década de 2010. Muito rica em aminoácidos presentes especialmente na carne, sem glúten e contendo ácidos graxos recomendados, minerais, oligoelementos, fibras, proteínas e preciosas vitaminas B e E, a quinoa se beneficiou de uma campanha de promoção das Nações Unidas em 2013.

III – Reinventar as produções locais

Por ter belos dias pela frente, o localismo promove uma relocalização da alimentação em um cenário identitário que hoje é objeto de consenso. Os riscos políticos de rupturas de abastecimento das metrópoles são tais que uma parte dos produtos alimentícios vegetais frágeis deve evitar os transportes de longa distância. Os custos energéticos e ambientais de transportes rodoviários e aéreos são tais que uma nova geografia está sendo implementada. Os pomares tropicais, de onde os países temperados do norte compram suas frutas, poderiam ser questionados porque as plantações são, para a antropóloga Charlotte Brives, um horror e uma aberração agronômica. A simplificação do tecido relacional das plantas pela escolha de fazer crescer apenas um indivíduo clonado (como as palmeiras para extração de óleo e as bananeiras semelhantes geneticamente) em um ambiente protegido por um arsenal de herbicidas e pesticidas apresenta um risco considerável, pois esses indivíduos produtivos são vulneráveis ao menor parasita. O exemplo da fome europeia dos anos 1845-1852 ligada ao mofo que ataca a batata não tem sido considerado, ao que parece. O humano se pensa como um organismo armado para rejeitar os vírus, quando o estado natural dos humanos é de ser infectado permanentemente por eles.

Nesse contexto, a agricultura camponesa centralizada nas práticas biológicas e biodinâmicas serve de exemplo. Agora, a FAO considera que podemos nutrir o planeta com esse tipo de agricultura. Mas o distanciamento entre as práticas intensivas de uns, encorajadas por políticas pouco coercitivas como a nova PAC de 2021 – pelas quais as organizações ambientais expressaram desgosto – e as de fazendas de pequeno porte, centralizadas na qualidade organoléptica dos alimentos e na proteção do meio natural, especialmente dos solos e da água, é tal que se orienta para uma divergência entre dois modelos, enquanto o modelo produtivista, tenta corrigir suas práticas sob a pressão política.

O caso das fazendas urbanas hidropônicas é mais complexo. Estabelecidas em espaços fechados (porões, estacionamentos, contêineres etc.) com substratos diversos como a lã de rocha ou as fibras de coco, sem contato com o solo nem com a energia solar, essas fazendas urbanas são concebidas como a panaceia de circuitos curtos que respeitam o ambiente. Mas a hidroponia necessita da incorporação de elementos minerais dissolvidos na água que atravessam diferentes substratos. A iluminação por lâmpadas de diodo eletroluminescente (LED) permite uma emissão de luz monocromática. A aquaponia associa a criação de peixes e uma produção vegetal "fora do sol" em um único sistema de produção. As startups por trás dessas fazendas estão atentas à rentabilidade, reduzindo seus custos com eletricidade e energia fóssil para fornecer a luz artificial e garantir a circulação de água.

Outros sistemas como as hortas compartilhadas ou os canais de distribuição cooperativa fundados nos circuitos curtos podem ser vistos como uma forma de ajudar os consumidores a se religar à terra.

IV – Sistemas alimentares duráveis?

Logo após uma violenta crise ambiental por poluição de mercúrio nas costas japonesas devido a uma usina petroquímica da companhia Shin Nippon Chisso entre 1932 e 1966, a população litorânea japonesa assumiu a situação. Na década de 1950, a inação dos políticos face a uma terrível doença transmitida pelos peixes e moluscos levou a Associação Japonesa para a Agricultura Biológica a promover os teikei, adotando dez princípios que destacam o espírito de ajuda mútua e a cooperação entre os produtores e os consumidores. Outras redes, que prosperaram nas décadas de 1980 nos Estados Unidos e no Canadá sob o nome de Community Supported Agriculture (CSA), instituem uma confirmação e uma implicação de consumidores na distribuição dos produtos. As AMAC francesas (Associação para a Manutenção da Agricultura Camponesa) se originaram em plena crise produtivista, especialmente em razão de colapsos de explorações e de suicídios de agricultores. Na Europa, esse modelo foi adotado na Alemanha e na Suíça, mas também no Brasil, Vietnã e vários outros países.

Mais tarde, as cestas, os mercados ao ar livre, a venda direta pelos produtores e a retirada na fazenda, os armazéns solidários, as plataformas de distribuição (La Ruche qui dit oui, Kelbongoo, etc.) e as colheitas no local, desenvolvem-se de maneira mais ou menos espontânea, por iniciativa dos consumidores, mas também dos produtores que buscam obter rendas garantidas e evitar intermediários. Um novo argumento foi proposto na década de 2010: o impacto ambiental. O método de cálculo mais aceito e melhor conhecido é o das pegadas de carbono. Graças a ele, podemos avaliar o efeito de uma atividade sobre o clima, contabilizando as emissões anuais do gás de efeito estufa (CO_2) em relação ao financiamento de capital ou dívida.

O que chamamos *food tech* é, contudo, um modo de produção que foi imaginado em 1931 por Churchill (em um célebre artigo "*Fifty years hence*" [Em 50 anos],[1] publicado pela *Strand Magazine*). Ele imagina "em cinquenta anos" um mundo de televisões e de "telefones sem fio" em que micróbios e bactérias são selecionados e cultivados como plantas, onde se parou de criar frangos pois se pode fazer crescer separadamente as partes mais úteis dos animais e onde os alimentos "sintéticos" são comidos para o prazer de todos. Mas Churchill não chega a pensar que poderemos nos satisfazer com algumas pílulas em lugar de refeições. Essas visões proféticas são, então, realizadas no Vale do Silício, onde fazendas microcelulares produzem proteínas "animais" sem animais, leite, carne, maionese sem ovos... e mesmo vinho cujos aromas foram compostos molécula por molécula.

---

1. Citado por R. Delerins em *L'Alimentation demain. Cultures et médiations*, Paris, CNRS Éditions, "Les Essentiels d'Hermès", 2016.

Assim como a química no século XIX, a genética abalou muito a nutrição e os sistemas culinários. Pensados em escala molecular e celular, os alimentos foram sequenciados, e o conhecimento de seu genoma permitiu manipular o que é vivo. A genômica e a bioinformática mudam de novo as cartografias pasteurianas de bactérias, fungos, vírus, microalgas e outros aspérgilos. A cozinha pode ser considerada sob novas bases físico-químicas como Hervé This tentou (em vão) promover na França. Na Califórnia, Impossible Foods tenta mobilizar empresas para repensar a cultura e a criação em escala celular. Beyond Meat em Los Angeles desenvolve alimentos à base de proteínas vegetais retexturizadas e declaradas "naturais". Com a biologia sintética e o uso de CRIPR/Cas9, que permite a edição do DNA, Craig Venter "cria" uma célula viva sintética pelo transplante de um genoma *de novo*, sintetizado *in vitro*, para uma bactéria receptora. Ela é, em seguida, guiada por um genoma artificial e se replica a cada 180 minutos. Natural e artificial veem cair suas barreiras entre eles. O DNA poderia ser visto como o software das células.

Com a coleta de informações pessoais, firmas como Tripadvisor ou Yelp para restaurantes, Freshly para entregas de pratos preparados, Blue Apron ou Chef para kits de refeições a domicílio, Deliveroo e Uber Eats para pratos de restaurantes, e Farmdrop para as fazendas locais podem explorar os dados dos internautas. Os comportamentos alimentares podem ser pensados do ponto de vista de microdecisões exploráveis graças à geolocalização. Como no hospital, onde alguns gestos dos cirurgiões podem ser executados por robôs, numerosas *dark kitchens* estão em vias de inventar a cozinha de amanhã.

À imagem do *Jardim das delícias*, pintado por Jérome Bosch no fim do século XV, o futuro da alimentação é pensado pela *food tech* como um paraíso onde corpos humanos idealizados brincam com os animais selvagens, onde a abundância de frutas na Terra reconcilia a humanidade com a saúde. No ideal californiano, o bem-estar animal e seus correlatos, vegetarianismo e flexitarismo, a busca pelo sabor para alcançar o *bliss point* (ponto de felicidade), e a higiene levam a imaginar um mundo em que desperdício e fome terão sido erradicados para o bem-estar dos humanos. Essa é uma abordagem irênica que oculta muitos vícios (confisco de dados, perda da autonomia dos indivíduos, comercialização do que é vivo), e ninguém pode prever hoje se ela conseguirá, ao menos localmente nos países ricos, estabelecer-se e se tornar um tipo de laboratório do futuro.

Em escala mundial, a pobreza ainda é uma alta montanha a ser escalada, e a China, potência em ascensão, ainda não deu sua última palavra sobre sua capacidade de impor produções como fez com os tomates e as maçãs. A "asiatização" de seções inteiras de nossa alimentação e de bairros nas metrópoles do mundo inteiro permite pressagiar outros cenários que levam a pensar que a diversidade alimentar permanecerá a palavra-mestra deste futuro que pode sempre nos escapar.

Post scriptum

*Josué de Castro, um cientista e
pensador brasileiro sobre a fome*

Josué de Castro (1908-1973) foi médico, nutricionista e geógrafo brasileiro que fundou o primeiro Instituto de Nutrição, no Rio de Janeiro. Presidente do Conselho Executivo da FAO (Organização das Nações Unidas para Alimentação e Agricultura) em 1952, este pioneiro do pensamento global e multidisciplinar é conhecido por seu trabalho sobre a fome, que ele trouxe para a esfera política brasileira e, depois, mundial.

Suas primeiras pesquisas sobre alimentação no Brasil foram publicadas na década de 1930 e seu oitavo livro e primeiro *best-seller*, *Geografia da fome* (1946), logo lhe trouxe reconhecimento internacional. Como geógrafo, ele enfatizou a importância dos ecossistemas, mas para ele a desnutrição e a fome são o resultado das estruturas latifundiárias de propriedade da terra e de uma sociedade que ainda possui a herança das relações escravistas e é explorada em monoculturas de exportação. Ele descreve e denuncia as deficiências nutricionais, a pobreza e o êxodo rural causados pela fome.

Ele foi o primeiro a conceituar a "fome oculta" (desnutrição) e a "fome absoluta" (*starvation*, em inglês). Ele considerava que a fome era causada pela má distribuição de alimentos e pelas desigualdades socioeconômicas, enquanto a fome era atribuída pela ciência, até então, a uma produção agrícola insuficiente devido a variações sazonais, escassez temporária ou anual, causas acidentais, condições climáticas, problemas naturais com efeitos localizados, sem esquecer biologia populacional, epidemias e guerras. Antes dele, a fome era, muitas vezes, chamada de desnutrição.

Em *Geopolítica da fome* (publicado pela primeira vez em inglês em 1951), Josué de Castro apresenta teses que vão contra as abordagens neomalthusianas, que responsabilizam a superpopulação pela fome. Para o brasileiro, a fome é a responsável pela superpopulação e pela pobreza. Prefaciado pelo geógrafo francês Max. Sorre, professor no Collège de France, o livro faz de Castro um promotor da ecologia humana e opositor do neomalthusianismo, cujas "doutrinas diminuem a humanidade". Usando o termo "geopolítica" muito antes de seu retorno nos anos da década de 1970, Castro destaca "as correlações entre os fatores geográficos e os fenômenos políticos". Os fracassos da Revolução Verde na Índia, que aumentou a produção sem resolver o problema da fome, mostram, mais tarde, a pertinência do pensamento de Josué de Castro.

Atualmente, a fome no Brasil permanece preocupante. Considerado um dos "celeiros do mundo", este vasto país com seu rico potencial agrícola e agronômico só deixou o Mapa da Fome da Organização das Nações Unidas (ONU), pela primeira vez, em 2014, ao qual retornou em 2022. Conforme o II VIGISAN – Inquérito Nacional sobre Insegurança Alimentar no Contexto da Pandemia da Covid-19 no Brasil, mais de 33 milhões de brasileiros passam fome, 125,2 milhões numa situação de "insegurança alimentar", um eufemismo para evitar, segundo Josué de Castro, mencionar a fome, que continua sendo um tabu. Também, dados de 2016 do Censo Agropecuário do Instituto Brasileiro de Geografia e Estatística (IBGE), revelam que mais de 44% das terras no Brasil pertencem a menos de 1% dos proprietários de terra, mantendo-se os latifúndios. Infelizmente, isto prova mais uma vez o valor e a atualidade deste pioneiro da ciência geopolítica, que foi destituído de seus direitos políticos pela Ditadura Civil e Militar instaurada em 1964 e procurou asilo político na França, onde foi professor associado na Universidade de Paris-VIII, e onde morreu. Uma figura histórica internacional da ciência, Josué de Castro gostava de declarar-se "cidadão do mundo".

Ana Letícia Espolador Leitão

Bibliografia

Albala, K. (dir.), *Routledge International Handbook of Food Studies*, Abingdon-on; Nova York, Thames e Routledge, 2014.

Bianquis I, Williot J.-P., *Nomadic Foods*, Lanham Nova York, Rowman & Littlefield, 2019.

Boudan C., *Géopolitique du goût*, Paris, Puf, 2008.

Bruckert M., *La Chair, les hommes et les dieux*, Paris, CNRS Éditions, 2018.

Farrer J., *The Globalization of Asian Cuisines*, Nova York, Palgrave Macmillan, 2015.

Ferrieres M., *Histoire des peurs alimentaires. Du Moyen Âge à l'aube du xx e siècle*, Paris, Seuil, 2002.

Flandrin J.-L., Montanari M. (dir.), *Histoire de l'alimentation*, Paris, Fayard, 1997.

Fumey G., *Manger local, manger global*, Paris, CNRS Éditions, "Biblis", 2021.

Fumey G., Paquot T., *Villes voraces et villes frugales*, Paris, CNRS Éditions, 2020.

Fumey G., Raffard P., *Atlas de l'alimentation*, Paris, CNRS Éditions, 2018.

Griset P., Williot J.-P., Bouvier Y., *Face aux risques. Une histoire de la sûreté alimentaire à la sécurité environnementale*, Paris, Cherche Midi, 2020.

Inglis D., Gimlin D., *Globalization of Food*, Oxford e Nova York, Berg, 2010.

Jacobs M., Scholliers P., *Eating out in Europe. Picnics, Gourmet Dining and Snacks Since the Late Eighteenth Century*, Berg Publishers, 2003.

Laudan R., *Cuisine and Empire: Cooking in World History*, Oakland, University of California Press, 2013.

Mayol P., Grangeron É., *L'Agriculture urbaine: un outil déterminant pour des villes durables*, Paris, Conseil économique, social et environnemental, 2019.

Montanari M., *La Faim et l'Abondance. Histoire de l'alimentation en Europe*, Paris, Seuil, 1995.

Murcott A., Belasco W., Jackson P. (dir.), *The Handbook of Food Research*, Bloomsbury Academic, 2013.

Pilcher J.M. (dir.), *The Oxford Handbook of Food History*, Oxford, Oxford University Press, 2012.

Poulain J.-P., *Dictionnaire des cultures alimentaires*, Paris, Puf, 2012.

Sanchez S., Pizza. *Cultures et mondialisation*, Paris, CNRS Éditions, 2016.

Williot J.P. (dir.), *Du feu originel aux nouvelles cuissons. Pratiques, techniques, rôles sociaux du faire cuire*, Bruxelles, Peter Lang, 2015.

Zweiniger-Bargielowska I., Duffett R., Drouard A. (dir.), *Food and War in Twentieth Century Europe*, Aldershot, Ashgate, 2012.

Conecte-se conosco:

f facebook.com/editoravozes

◉ @editoravozes

🐦 @editora_vozes

▶ youtube.com/editoravozes

◉ +55 24 2233-9033

www.vozes.com.br

Conheça nossas lojas:

www.livrariavozes.com.br

Belo Horizonte – Brasília – Campinas – Cuiabá – Curitiba
Fortaleza – Juiz de Fora – Petrópolis – Recife – São Paulo

EDITORA VOZES LTDA.
Rua Frei Luís, 100 – Centro – Cep 25689-900 – Petrópolis, RJ
Tel.: (24) 2233-9000 – E-mail: vendas@vozes.com.br